第一部 详传

世上无难事
久保田铁工所发展史

久保田权四郎

日本匠人之魂

［日］泽井 实 著

任海丹 译

国産化の夢に挑んだ
関西発の職人魂

新星出版社 NEW STAR PRESS

序

本书旨在追溯久保田股份有限公司的创建者久保田权四郎的人生之路，并介绍其创业史、企业沿革及经营理念等。

明治初期，权四郎作为家中的第三个孩子，出生在日本备后国因岛的一家农户，家里平时靠制作些酒桶谋生。在虚岁 16 岁那年，权四郎只身去了大阪，并成长为一名铸造师。19 岁时开始独立办厂，经过在大阪铸造厂集中工业带的不断磨炼，权四郎将铸造技术大量革新。值得一提的是，当时权四郎手里掌握着自来水管道铸铁管的庞大市场，这让久保田铁工所在明治末期成长为全日本相关领域的代表性企业。

第一次世界大战时期铣铁价格暴涨，这极大地限制了铸铁管的需求。为此，权四郎转而生产机床和其他工业机械，形成多元化的生产模式。20 世纪 20 年代，船舶机械和机床的市场需求持续低迷，权四郎积极转型，成功地研发出石油发动机，开启了农用机械的新纪元。与此同时，权四郎还涉足汽车生产行业，这一业务后来由日产汽车公司接手，但是这些经验对后期研发高性能石油发动机具有非常重要的意义。

20世纪30年代，久保田铁工所在中国东北地区建立满洲久保田铸铁管股份有限公司，业务扩展到中国。第二次世界大战时期，应日本军部要求，久保田铁工所开始生产军需用品，由此成长为拥有多个工厂的大型企业。虽说久保田早在明治末期就已经成为大阪的代表性企业，但是企业完成资产所有者法人化是在1930年（昭和五年），由于需要注入外部资金而进行股份公开则是在第二次世界大战时期。尽管企业规模不断扩大，但一直到战争中期，久保田铁工所与其他同类企业一样，权四郎都是以"掌柜的"身份掌管着企业。

战前和战争时期，在日本曾发行过两本权四郎的传记。一本是吉田祯男的《走向成功之路（第一辑）——德永氏四兄弟卷·久保田权四郎卷》（八桥出版社，1936），还有一本是挟间祐行的《瞧，这个人——久保田权四郎传》（山海堂出版社，1940）。权四郎也因此成为成功创业典范，他白手起家，最终成为大阪乃至全日本的企业家代表。权四郎作为这一系列成功故事的主人公，当时在日本已是家喻户晓。其中最为脍炙人口的部分就是权四郎对母亲的爱，以及他对家乡的贡献。

目　录

第一部　详传

世上无难事
久保田铁工所发展史

Ⅰ　少年奋发——萦绕在眼前的慈母泪 / 003

Ⅱ　创业期的窘境 / 009

Ⅲ　铸铁管业务迅速扩大 / 029

Ⅳ　第一次世界大战时期的多元化建设 / 043

Ⅴ　战争时期的劳资关系与业务发展 / 057

Ⅵ　中国业务的扩张 / 107

Ⅶ　家族企业脱胎换骨 / 115

Ⅷ　20 世纪 30 年代的业务拓展 / 129

Ⅸ　二战时期的久保田铁工所 / 140

Ⅹ　二战后的企业改革与管理 / 155

第二部分 论证与考察

实业经营的持续与中断
从个体经营到法人企业的蜕变

Ⅰ 技术积累过程 / 171

Ⅱ 多元化的理论 / 186

Ⅲ 劳资关系的发展 / 194

Ⅳ 关西企业进驻中国 / 200

Ⅴ 家族经营模式与专业企业管理人 / 209

Ⅵ 企业管理的变化 / 216

第三部分　走近权四郎

权四郎的"实业之路"
——其发言及注解

I 经营观 / 223

II 人生·事业观与实业宏图 / 228

III 技术与技术人员观 / 246

IV 故乡情结 / 252

"企业家久保田权四郎"简略年谱 / 259

写在PHP经营丛书"日本的企业家"系列发行之际 / 263

I 少年奋发——萦绕在眼前的慈母泪

成长史

1870年（明治三年）10月3日，大出权四郎出生在日本废藩置县的备后国御调郡因岛大浜村（现广岛县尾道市因岛大浜町）[1]。父亲大出岩太郎，母亲的名字叫作清，继家中的长子政太郎、长女樱乃、次子茂平之后，权四郎出生时是家里的第三个儿子，也是最小的孩子。权四郎家是穷苦的农户，有时会做一些酒桶谋生。在大浜町的海上有个八重子岛，退大潮的时候，这个八重子岛和陆地能连起来，权四郎家有时还会去赶海。

《走向成功之路（第一辑）》中写道，在10岁那年秋季的庙会，权四郎和小伙伴们一起正要穿新衣服出门的时候，看到了突然趴在榻榻米上哭泣的母亲。该书还引用了权四郎的话，"即使现在一闭上眼，那年秋天母亲哭泣的身影还历历在目，总而言之，是母亲珍贵的泪水成就了今天的我"。[2]

《瞧，这个人》一书中记载，权四郎看到用衣袖掩面跑进堆房的母亲，他觉得"那是因为没有零用钱，没有给我天保钱（天保通宝，这个时期仍旧在流通使用——引用者注），母亲才哭的"[3]。据说权四郎也经常将这个故事讲给家人听。权四郎的次子藤造也有证实，"父亲曾多次向我们讲述，他看到祖母突然伏地掩面而泣，这时他才发现自己没有可以穿着去参加庙会的漂亮衣服，也没有零花钱。父亲觉得没有钱太痛苦了，无论如何都要想办法摆脱这个困境。……没能参加秋季庙会，这一痛苦回忆成为父亲自幼奋发图强的契机"[4]。

权四郎的童年时代，是根据1872年公布的学校制度，小学分为下等科四年和上等科四年。权四郎就读的学校在村里的一个叫做"见性寺"的地方，寺里的正殿是教室。权四郎和村里其他孩子一样，并没有每天都去上学。

在1875年，那时日本全国的小学约有四成借用寺院，三成借用民宅，显而易见，这是江户时期私塾的一种延续。据统计，1873年的学龄儿童就学率是28.1%（男生占比39.9%，女生占比15.1%），直到1879年，就学率还停留在41.2%（男生占比58.2%，女生占比22.6%）。从日本全国各县来看，1877年全国平均就学率是39.9%，最高的地区是大阪府，有67.1%，最低的地区是青森县，只有22.6%。此外，就学率低权四郎刻苦勤勉，勇于创新，切实贯彻国家政策。他于第二次世界大战后的1949年从久保田铁工所的社长职位引退，开始担任企业顾问。10年后，于1959年去世。

久保田权四郎与野口英世、丰田佐吉等人都是战前推动日本发展的代表人物。作为具备刻苦勤勉和匠心精神的典型人物，本书将追寻他走过的道路，尽可能真实地向读者呈现权四郎的人生，并希望能够从创业史及经营理念等角度为读者提供一些参考。我们并非想塑造英雄，而是本着心系民族和家乡未来的初衷，力图从一个虽有迷茫，仍坚持不懈的企业家人生轨迹中探究近代日本"制造业"的特有"匠心精神"。

在本书执笔、出版的过程中，久保田股份有限公司的各位同人曾向我提供照片、图片等珍贵资料，并在阪神工厂对直管和异型管为我进行了详细说明，还带我去了因岛上与权四郎有关的一些地方。对此，我深表感谢。

最后，请允许我向PHP研究所70周年纪念出版项目执行小组的藤木英雄先生致以谢意。从本书的初步构思开始，在漫长的时间里，藤木先生一直关注本书，并向我提出了很多中肯实用的建议，对此深表感谢。

泽井实

2016年12月

明治时期大滨村的风景

于30%的县还有鹿儿岛县、和歌山县、广岛县以及秋田县。[5]

权四郎离开家乡的经过，各种说法莫衷一是，但可以肯定的是，他在16岁虚岁那年的春天，也就是1885年离开家乡去的大阪。

学徒时期

权四郎曾在晚年自述过他刚参加工作时的情景[6]。"15岁的时候，我只身来到了大阪。并非投奔亲戚，当时的我只是个从农村来的毛头小子，然而，这正是我创业的开始。……大概有一个月的时间，我到处求人，总算在一个很小的铸造厂当个小伙计，住了下来。"工厂名为黑尾制钢（又名黑尾铸造，位于西成郡九条村今西区九条），主要制造秤和保险箱的铸件。

老板名叫黑尾驹吉，曾在南区西关谷町的石井铸造所学艺，学成后自己独立办厂。他很同情当时正在拼命找工作的权四郎，将其收为徒弟。权四郎在那里被叫做"松之助"，学徒生活极其艰苦。"工作稍微熟悉就开始干活，可是哪怕干错一个小地方都会有很大的麻烦，甚至被推搡和挨揍。与其说是严苛，不如说是近乎残酷。而且，每天都要从早上六点持续工作到晚上十点。"权四郎每天都坚持着这种生活。

66岁的权四郎回顾自己十几岁时的学徒生活，"与其说是严苛，不如说是近乎残酷"，当他说出这句话时，他的脑海里萦回的不知是何种画面。就这样，权四郎结束了三年学艺和半年效力的学徒生活，为了更进一步磨炼自己的铸造技能，他又来到位于南区的御藏迹町专门制造日用品铸件的盐见铸物厂。

1888年（明治二十一年）7月，父亲岩太郎去世，痛失亲人的权四郎更加坚定了自己当初去大阪时立志要创业的信心。

权四郎在盐见铸物厂最初每天工资是25日元，为了凑够1000日元的创业本钱，他拼命努力地工作。"当时的100日

18岁前后的权四郎(右一)与家人

元相当于现在(1937年)的1000甚至2000日元,很难凑齐。但是我坚信世上无难事,只怕有心人,所以我非常努力。比如即使是冬天也用脸盆洗澡,自己给自己剪头发之类的。可因为是自己给自己剃头,所以剪得像狗啃得似的。"

"一定要凑够钱,他这种只要开始攒钱就停不下来的坚定信念真是令人叹服。权四郎用了五年左右的时间,终于完成了这件几乎不可能的事。……世上无难事，只怕有心人。"这是权四郎一直坚持的信条。

就这样，在权四郎后来的人生中，虽然他自己都不知道是如何将这一信念坚持下去的，但他始终都没有放弃。

注释：

1 本书后文所述，如无特别标记，则默认出自久保田铁工编纂（1970）的《久保田铁工的80年历程》，以及久保田社史编写委员会编纂（1990）的《百年久保田》这两部社史。

2 吉田祯男（1936），《走向成功之路（第一辑）——德永氏四兄弟卷·久保田权四郎卷》，八桥出版社，19—20。

3 挟间祐行（1940），《瞧，这个人——久保田权四郎传》，山海堂出版社，16。

4 久保田藤造（1954），"白手起家的工业大亨久保田权四郎"，《事业谈——创业者之路》，实业之日本社编纂，248。

5 文部省编纂（1972），《学制百年史》，帝国地方行政学会，194—196。

6 竹下百马·猪股昌孝编纂（1941）《久保田铁工所股份创业50周年纪念志·满洲久保田铸铁管股份有限公司创立五周年纪念志》，久保田铁工所总务部文书科，其附录《广播讲演集（久保田权四郎）》所收录的"讲述实业之路"2、4。此部分出自1937年3月8日收听大阪中央广播电台播放的广播演讲的笔记。

II 创业期的窘境

独立办厂和频繁的搬迁

1890年（明治二十三年），19岁的权四郎以每月支付8日元的房租，在御藏迹町盐见铸物厂附近的一处旧宅子租了一间小房子，创办了大出铸物厂。门面有两间宽（译者注："间"为长度单位，多用于土地、建筑，一间约1.8米，两间约3.6米），进深有四间（约7.2米），将屋内的地板拆掉用作车间。权四郎每天拉着堆满自己产品的大板车，到西区立壳堀（译者注：又称立卖堀）的五金店街去售卖，然后再将原料铣铁[1]采购回来。苦于资金周转的权四郎，将没有卖完的产品拿到立壳堀的浅井商店，从西区千代崎町的铣铁批发商纪野吉三郎商店那里采购进口铣铁。铸件用的日本国产铣铁只有釜石制铁所一家生产，大出铸物厂大多使用进口的铣铁原料。

起初，大出铸物厂叫做台秤铸物屋，由于品质优良广受好评，逐渐开始制作生活用品铸件和机械铸件。1891年夏天，由于房东逼迫腾房，权四郎四处寻找，最终以月租15日元的价格租下位于南区高津町四番丁的一所废弃的铸件工厂。

工厂搬迁问题虽已解决，但是花光了权四郎600日元的所有积蓄。同年，决心重整旗鼓的权四郎迎娶了老家因岛一个铁匠的女儿姗为妻，姗在大出铸物厂创业初期立下了汗马功劳。搬家后的第二个工厂，由于轧棉机械等铸件订单增加，权四郎的大哥政太郎也来帮忙打理生意。权四郎在两年的时间内又攒下了2000日元。可是，由于工厂的一场大火，权四郎再次被赶出来。

1893年夏天，这一次，权四郎将工厂搬到了南区的西关谷町，石井铸造所的旧厂址。石井铸造所的老板藤太郎是权四郎的师傅黑尾驹吉的师傅，他是台秤铸件的创始人。第二年，受到中日甲午战争的影响，权四郎的工厂里包括从老家因岛来的徒弟，已经超过10个人，并改称为大出铸造所。从黑尾制钢学徒开始，权四郎就被叫做"松之助"，此时，他又恢复自己"权四郎"的名字，在工厂里也开始被称做"老板"。但由于石井的铸件工厂业务繁忙，1895年5月，权四郎又选择了搬迁。他将工厂搬到附近，称为西关谷町工厂。刚搬完家的7月份，权四郎的母亲清与世长辞。

据《大阪府警察统计表》（各年度版），1892年年底大阪

1890年左右的权四郎

府的铸件工厂有171家,此后每年都以两位数的速度增加,到1904年年底,铸件工厂已经达到415家[2]。大出铸造所(久保田铁工所)就在这铸件工厂的大军中逐渐崭露头角。但1899年末大阪府向海军省提交的有关铸件工厂状况的报告《铸造工厂表》(明治三十二年)中,涉及34家铸造工厂,却没有大出铸造所的踪影[3]。

据明治三十年大阪机械铸造工厂聚集地的研究结果[4],铸造工厂主要聚集在五个区域:(一)南区的西园手町·稻荷町·樱川町附近；（二）西区的九条·西九条·本田町路附近；（三）南区的御藏迹町·西关谷町·高津町附近；（四）东区的大阪炮兵工厂的南面·西南面附近；（五）北区的天满桥一带·同心町·与力町附近。

其中，第一地区和第二地区的规模相对较大，但从幕府末期到明治中期，御藏迹町才是铸造工厂最大的聚集地。御藏迹町曾是江户时期造钱厂的所在地，即使到了明治时期铸造工厂仍旧有存留。权四郎在这第三大聚集地摸爬滚打，一路走来。在御藏迹町，最具代表性的铸造工厂是大谷铁工所（1872年创立），据《铸造工厂表》的数据，该工厂占地面积430坪（译者注：约1420平方米），拥有工人30名。

改姓久保田

中日甲午战争前后，权四郎的工厂因没有龙门刨床，将刨工类的工作全部委托给南堀江的喜多铁工所。后经喜多介绍，权四郎与南区大和町的久保田磷寸机械制造所开始往来，并得到了久保田藤四郎的赏识。权四郎不仅从久保田那里获得订单，甚至在资金周转困难的时候还会得到融资帮助。久保田夫妇没有继承人，很看重权四郎的人品，在这种情况下，希望能认他做养子。权四郎盛情难却，他以不继承磷寸机械制造所为条件，

在创业初期支持权四郎的结发妻子姗

认了这门干亲,并改姓久保田。在1897年(明治三十年)6月,大出铸造所也更名为久保田铁工所,此时权四郎已有两个孩子。在1904年1月日俄战争前夕,从创业开始一路支持久保田铁工所的结发妻子姗,抛下五个孩子撒手人寰。第二年,权四郎的师傅黑尾驹吉也离开了人世。1905年,权四郎有缘与贵美子再婚,并育有两个孩子。考虑到权四郎和姗的几个孩子,贵美子毅然将自己的亲骨肉送回娘家。

很不幸的是,这两个孩子都夭折了。后来贵美子与权四郎又有了两个女儿[5]。

在之前的传记中曾经提及,与权四郎有干亲关系的久保田藤四郎,他也证实过自己并没有太多的资产。权四郎不想被误解为是凭借成为有钱人的养子才取得成功,所以他立志要脚踏实地、凭借自己的真本领来实现自己的初衷。

这个小插曲在久保田的两部公司史中并未阐述,所以本书并不能确认其真实性[6]。据权四郎的次子藤造讲述,"我爸碍于老掌柜的情面,成为久保田夫妇的养子,认了这门干亲。但是我爸说过:'如果久保田家哪怕有一丁点儿财产,我都不会认这门干亲。我今后就想一门心思做钢铁工业方面的工作。如果不让我做这些工作,我也不会认这门干亲。'[7]"藤造提及的"老掌柜"指的是谁尚不明确,所以久保田改姓的具体情况我们无法考证。

制造铸铁管与开发新技术

1887年,在横滨开始出现将过滤后的净水通过压力进行输送的现代自来水管道,并在函馆、长崎、大阪、广岛、东京等地推进了此项工程。当时之所以要推进自来水管道建设,是因为要预防霍乱等传染病。可是当时用于输送净水的铁管要么依赖国外进口,要么就得日本进行自主研发,这是个令人头疼的问题。

在东京,当时的决定是不依赖进口铁管,要采用国产铁管。1893年,日本铸铁合资会社[8]力压川崎造船所和王子制铁会社等公司,成功中标。该公司是由远武秀行于1893年1月创建的公司。远武秀行在这之前是横须贺镇守府造船部部长兼横须贺造船所所长。从合同签约量来看,铁管达2.1335万吨,成交金额达99.35万日元,规模巨大。

但是铸铁管的生产[9]并没有按照计划进行,截止到1895年,只成功交货0.62万吨,日本铸铁合资会社经营举步维艰。

而大阪此时早已先于东京,在1892年就已开始铺设水管。当时在大阪能够生产自来水管道的铸铁管,只有大阪炮兵工厂,该工厂于1893年2月开始生产铸铁管。

合约价格是每吨48.064日元,所以20000吨的铸铁管的合约金额高达96.128万元,工程浩大。尽管合约中规定"铁管铸造的期限为自签约当日起,建设临时工厂及设备准备期间为120日,其后580日内完工交货[10]",可20000吨的铸铁管最后只生产出9261吨,其余的10739吨不得不依赖国外进口产品。后来大阪炮兵工厂仍旧断断续续地生产自来水管道,这对于民间特别是大阪铸铁管工厂的诞生与成长产生了较大的影响[11]。

在自来水管道市场大规模扩大的背景下,权四郎也加入其中,努力尝试铁管生产。1897年,权四郎的公司可以生产出3—4厘米口径的直管,那是因为他们研发出了一种新方法。该法是生产时将下型以37度—38度的角度埋入土中,上型的木框中装满沙子,然后将这两部分合成在一起,称做"分模立铸法"。

1898年,权四郎不顾工人和厂长的反对,接受了海军舞鹤镇守府的大量异型管[12]订单[13]。可是由于在运输时不注意,发生大量破裂,权四郎开始出现大规模的财务赤字。第二年年底,权四郎只能向各个合作厂家申请延期归还欠款。

但是这一事件却为久保田铁工所带来了重大转机。在久保田铁工所从业的工匠中,有很多在大阪炮兵工厂做过工,他们当中很多人具有铁管铸造的经验并掌握炼瓦沙箱、分工量产方式、"分模立铸法"等基本要领,再加上权四郎的哥哥茂平在国外进口的废铁中发现了"无缝铸铁管"。于是久保田铁工所开始挖设用船板围起来的沙箱,形成能够竖立浇铸铁管的施工区。进而利用黑色涂型手段[14],成功开发了"分模立铸法"。

1894年,大阪炮兵工厂的"水道铁管铸造作业要领"中规定的操作方法是"不论内径大小,将直管外型纵向切开,横放于地面。用模具固定板塑型并干燥后涂上黑色涂料。以此为

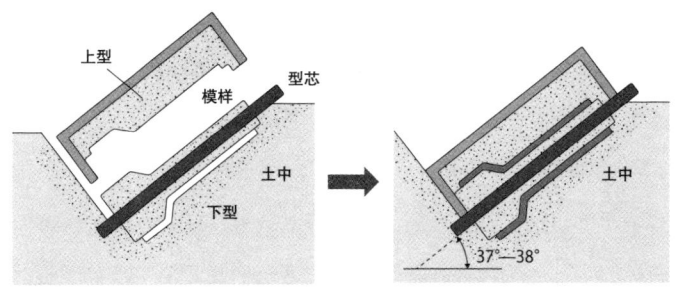

铁管的分模立铸法示意图（出处：以久保田社史资料为依据绘制）

中心使其竖立，从两侧上钉。……其内部核心部位放入型芯，二或三人用绳子手动缠绕，取下外部模具固定板"[15]。当时大阪炮兵工厂采用的方法是在铁芯上缠上绳子作为型芯，将型芯竖立起来后，从外侧将两片纵切模型合上，完成分模竖立浇铸。权四郎从懂得这种制作工艺的工匠那里学到了这种方法。

但是黑色涂型法最开始采用"前置毛刷杆进行涂刷，若是粗管，则由工匠潜入其中涂刷"，这样既容易产生不良品，而且效率极低。

关于黑色涂型法的改革，权四郎曾有过这样的经验："一天，一名工人将装着我们一直在用的耐火黑色涂料的罐子扛在肩上搬运，不知何故摔了一跤，罐子被打翻，里面的黑色涂料缓缓地流向一排排的铁管。就在那一瞬间，我灵机一动，黑色涂料也可以这样涂啊！受到启发后，我们苦心钻研，终于成功开发了黑色涂型法，也就是耐火材料的流入涂刷法。"[16]

1902年大阪炮兵工厂新建第一铸造厂，这个铸造厂，配有崭新的设备，200余名工人，那时，被赞誉为东洋第一的铸造厂。[17]虽然没有具体案例来描述这一盛况，但是对大阪炮兵工厂的历史进行过详细研究的三宅宏司曾经强调过，在久保田铁工所成长的过程中大阪炮兵工厂具有重要意义。"久保田铁工所几乎在同一时期开始生产铸铁管，到明治末期，其铸铁管的产量超过全国半数，号称'铁管久保田'，推动久保田铁工所成长为我国最大的生产厂家。"[18]

权四郎利用各种机会不断学习铸造方法，更进一步地改良"分模"铸造法，1900年，他开发出合二为一的管状整模造型法"整模立浇铸造法"，并生产出没有接缝的铸铁管。通过这种方法生产出的"无缝铸铁管"备受业内人士关注。进口铁管的最大口径在东京是42英寸，在大阪是36英寸左右。1903年3月，在大阪召开的第五次国内劝业博览会上，久保田铁工所生产的46英寸直管大受好评。据说1905年开业的大阪瓦斯公司，当时的片冈直辉社长决定全面采用久保田的铁管。原本坚持采用进口管的美国人副社长克罗尔·米勒最后也对久保

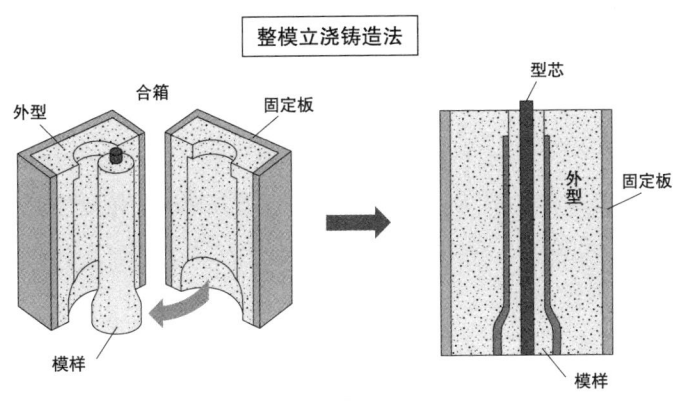

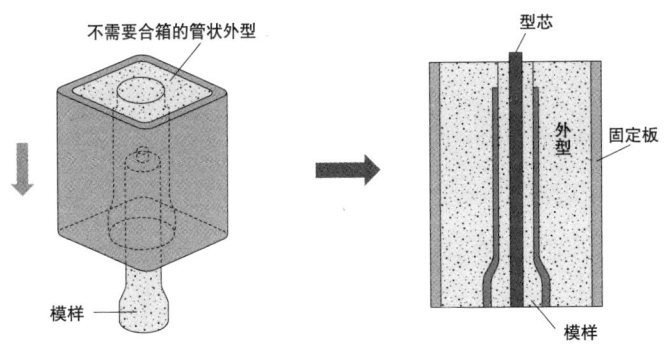

分模立铸法・整模立浇铸造法示意图

（出处：以久保田社史资料为依据绘制）

田的产品赞赏有加。

在中日甲午战争和日俄战争期间,日本的铸铁管大多数依赖国外进口。克罗尔·米勒刚开始力荐进口管,这也能反映出当时的社会背景。根据《大阪外国贸易调查》(明治三十二年)显示,当时主营铁管进口生意的商家(全在神户)有艾伦斯商会(德系企业)、日泰森商会(美系企业)、孔斯商会(英系企业)、赛路商会(英系企业)、伊利斯商会(德系企业)、美国贸易商会、沃尔波商会(德系企业)等。日本人经营的贸易公司有大阪的津田胜五郎、古泽商会、伴傅辅、大阪天森商会、林音吉、末广商会、岩田兄弟商会、浅井友太郎、桂松之助等[19]。

同类企业的发展与久保田铁工所规模的扩大

在中日甲午战争及日俄战争期间,久保田铁工所并没有在行业里占据主导地位。久保田在1901年(明治三十四年)关西谷町工厂附近增设北高岸町工厂,但是从1903年开始,久保田铁工所才出现在《大阪府统计书》的工厂一栏中,这时久保田的关西谷町工厂有15名职工,1904年有16人,1905年有26人[20]。

关于久保田铁工所的员工数量,在日本农商务省编纂的《工厂通览》中,1904年年底为16人,1907年年底为56人(南区北高岸町工厂），1909年年底为330人[21]。在工业之日本社编纂的《日本工业要鉴》中记载久保田铁工所在1909年有350名工人，1911年有800名工人，50名所员（职员）[22]。

久保田铁工所从民间作坊完成质的飞跃是在1905年以后，特别是1908年南区的北高岸町工厂，"最新的铁骨结构厂房，相关设备一应俱全，竣工可达月产22000吨"[23]。据工业杂志社编纂的《日本工业录》记载，1911年久保田的关西谷町分厂有23名员工[24]。

1907年举办的东京劝业博览会的审查报告书中提到，铸铁管"由于日本铸铁会社的失败导致多数企业计划退出生产，忧心忡忡。明治三十三年大阪铁工所开始发展铸铁业务，同年8月至次年3月，约为大阪水道公司产0.3万吨铁管，收效显著。至明治三十五年、三十六年，釜石田中制铁所与植田坚铁制所等公司也开拓此项业务，并不断发展壮大。此举不但可遏制铁管进口，进而可出口至中国、朝鲜抑俄属西伯利亚等地，工厂设备等因此得以很快地发展。釜石田中制铁所之大管铸造工厂及大阪铁工所之尼崎新工厂成绩尤为显著，一时成为争相效仿之楷模"。[25]在文中并没有提及当年着手新建的久保田铁工所的本社工厂。

而在1914年（大正三年）3月召开的东京大正博览会

的《东京大正博览会审查报告第 12 部审查准报告》(1917 年发行)[26]中记载:"铸铁管之生产,明治三十三年大阪久保田铁工所发明整模立浇铸造法,收效甚为显著。各制造商遂兴其法以促生产,如东京坚铁制作所,其创业者研得植田式铸造装置及铸模外壳,使其生产简易迅速,且可避免铁管壁厚偏差,以达铁管表面光滑之效,釜石矿山研得熔矿炉瓦斯干燥法,此法可削减铁管铸造成本。当时铸造技术得以进步,设备大有改善,原料选取及配合亦备受重视,上述三家企业的产品质量好且产量增加显著。"

东京坚铁制作所为植田六郎平于 1897 年(明治三十年)创办的铸铁管工厂,1907 年 5 月改组为股份有限公司[27]。如东京劝业博览会的审查报告所述,大阪铁工所自 1900 年 8 月开始,主要生产大阪市自来水的上水管道铸铁管。

大阪铁工所之前一直向大阪市政府提供气罐类及异型管等产品。大阪市水道技师佐立二郎虽力劝该所生产自来水管道,但大阪铁工所所长范多龙太郎所经营的范多商会,一直与英国的卡莱商会合作进口铸铁管,所以该所当时并没有生产铸铁管的打算。

但佐立二郎积极为此事奔走,该所的甲贺卯吉经理对铸铁管事业的前景开始抱有希望,便派人到大阪炮兵工厂学习铸铁管制造方法,后经多次试验,大阪铁工所终于对自己的生产能力有了自信。最终该所在安治川本社工厂的一块地上建立了铸铁管工厂[28]。

1906年度铸铁管的生产数据显示,田中制铁所4184吨(每吨62日元),大阪铁工所3521吨,东京坚铁制作所3000吨(每吨8日元)[29]。1906年(明治三十九年)基于第三期的施工需求,东京市政府于1月与莫斯利商会签约1000吨左右铸铁管(进口产品),2月与植田六郎平(东京坚铁制作所)签约1000吨左右铸铁管,同年4月,与久保田权四郎签约购买800吨左右铸铁管[30]。

另,由日本农商务省编纂,反映1908年市场状况的《重要输入品要览》中有如下记载:"铸铁管的生产,经多年经验积累,可生产内径范围3—36英寸,其产品型号齐全,适用于水道、瓦斯、电话(地中线)等。目前有此制造能力者当属如下五所:大阪的大阪铁工所、久保田铁工所,东京的坚铁制作所、佐贺之谷口铁工所及釜石之田中制铁所。此五所设备精良,足应我国内部之需。"[31]

1908年的生产数据显示,大阪铁工所9000吨,田中制铁所12800吨,东京坚铁制作所8500吨[32],此时的久保田铁工所只有5000吨[33]。如图1所示,1909年以后久保田铁工所的生产急速扩大,为此公司的员工数也迅速增长。

此时,在大阪的铸造业中权四郎已经是知名人物。譬如在尾野好三编著的《成功龟鉴》中,有关于权四郎从海军舞鹤镇守府那里获得订单的记载。"明治三十二年,闻舞鹤镇守府欲购入自来水整模管道。彼度势获此订单,以浑身之勇及忍耐,日夜精励监工,并常躬身执锤,精于制作。奈何彼之研究尚未达成,设备亦不完备,此事遂以失败告终。多年家业一朝荡尽,所剩无几,并负债累累,此时彼已近于极度穷乏之境。"权四郎后来克服上述困难,他新建的"一大铁骨工厂"年产量可达20000多吨,产值150万日元以上[34]。

另外,在朝比奈知泉编著的《财界名士失败谈》下卷中也曾记载过权四郎从舞鹤镇守府那里获得订单的始末。并在书中评价权四郎"以身作则,虽位居多人之上,但深知人间疾苦,用人有方。故工匠如手足般勤做,未曾发生内讧事件"。权四郎在谈及工厂管理办法时提道:"上级只监督其直接下属,乙监督丙,甲监督乙,而我只监督甲。如果让我同时监督甲乙丙的话,反而有很多考虑不周的地方,招致更多失败。"[35]

如此大规模的工厂,权四郎一个人不可能管理所有事情,所以需要以总经理为首的阶梯管理团队,权四郎非常积极地构筑这种管理团队。

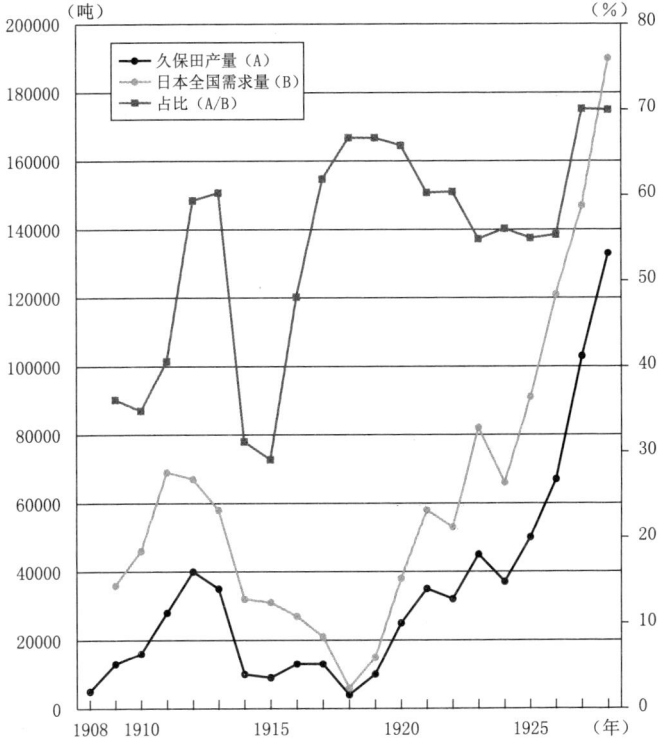

图1 久保田铁工所铸铁管产量与日本全国产量的对比

出处：久保田铁工股份有限公司编[1970]、《久保田铁工80年历程》（同社）p37、46、72—73、91）

此外，在《工业之大日本》中刊登的"产业百家久保田权四郎"中曾引用过权四郎这样一句话："我无学问，唯有经验乃真正之学问"[36]，这句话体现了通过锻炼一路成长起来的权四郎，作为劳苦之人特有的矜持。

权四郎并不只拘泥于自己的个人经验，他深知"经验"的重要性，也非常了解其局限性。与此同时，他还懂得唯才是用的重要道理。权四郎的管理能力与后来日俄战争时期久保田铁工所急速成长密不可分。

注释：

1 利用熔炼炉还原铁矿石获取铁。铣铁（pig iron）的主要用途是炼钢和铸造。

2 大阪府警察部编纂[各年度版]《大阪府警察统计表》（同部）。其中1896年有一行，10条数据为"本年废止"状态（同上）。

3 大阪府《铸造工厂表》，明治三十二年度（亚洲历史资料中心、Ref. C1012720 8800、海军省公文备注、防卫省防卫研究所）。

4 松田学土（2002），"明治时期大阪机械铸造业的形成"，《社会经济史学》第67卷第5号（社会经济史学会）。

5 挟间祐行（1940），《瞧，这个人——久保田权四郎传》，山海堂出版社，132。

6 久保田铁工编纂（1970），《久保田铁工的80年历程》（同社）及久保田社史编纂委员会编纂（1990），《百年久保田》（同社）。

7 久保田藤造（1954），"自己制造的工业家久保田权四郎"，实业之日本社编纂《事业是如此诞生的——记创业者》（同社），262。

8 铸铁（cast iron）含有大量的碳元素，在组织结构中会有石墨的结晶体。

9 材料为灰口铸铁管。

10 《铁管制造契约书》，明治二十五年（亚洲历史资料中心、Ref. C07050398700、陆军省大日记、防卫省防卫研究所）。

11 同上，《大阪炮兵工厂之研究》，242—256。

12 使自来水管拐弯、分岔等形状各异的管的总称。

13 同上，《百年久保田》，17。

14 为了防止铸型表面被铁水的热量所破坏，要在铸型表面涂抹各种材料，这些材料叫做涂型剂。用作涂型剂的木炭粉叫做黑色涂料，具体内容请参照谷万之助（1944）《铸物作业指针》（三省堂），65—70。

15 大阪炮兵工厂弹丸制作所编纂"大阪工厂制铁技术变迁史"，昭和二年3月。久保在久编著（1987）《大阪炮兵工厂资料集》，上卷（日本经济评论社），139。

16 收录于久保田权四郎（1989），"讲述古今"，久保田股份有限公司人事部编纂《创业时期的久保田与权四郎》（同部），90。

17 同上，"大阪工厂制铁技术变迁史"，142。

18 同上，《大阪炮兵工厂之研究》，256。

19 大阪府内务部编纂（1900），《大阪外国贸易调查》，明治三十二年版（同部），438。

20 大阪府编纂[各年版]《大阪府统计书》（同府）。

21 农商务省编纂[各年版]《工厂通览》(同省)。
22 工业之大日本编纂[各年版]《日本工业要鉴》(同社)。
23 久保田铁工所的广告刊登在《工业之大日本》,第5卷第1号(工业之大日本社)。该号于1908年1月1日起开始发行。
24 工业杂志社编纂(1911),《日本工业录》第四版(同社),334。
25 东京府编纂(1908),《东京劝业博览会审查报告》,卷3(同府),515。
26 东京府编纂(1917),《东京大正博览会审查报告第十二部审查准报告》,(同府),79—80
27 工业之日本社编纂(1914),《日本百工厂》(同社),46。
28 日立造船股份有限公司编纂(1956),《日立造船股份有限公司七十五年史》(同社),40—42。
29 同上,《东京劝业博览会审查报告》,卷3,516。
30 《东京朝日新闻》,1906年8月13日。
31 农商务省商务局编纂(1909),《重要输入品要览》下篇(同局),75。
32 同上。
33 同上,《百年久保田》,21。
34 尾野好三编著(1909),《成功龟鉴》(大阪实业兴信所),55—56。
35 朝比奈知泉编著(1909),《财界名士失败谈》下卷(每夕新闻社),4548。
36 花南侠禅(1908),"产业百家久保田权四郎",同上,《工业之大日本》,第5卷第1号,29。

Ⅲ 铸铁管业务迅速扩大

走向行业第一之路

如前所述,权四郎在用人方面唯才是用,基于这个方针,为了满足业务扩张需求,久保田铁工所于1906年(明治三十九年)开始采用经理制度和技师长制度。第一代经理人是楠川由藏,第一代技师长是内田初三郎。

在《日本工业要鉴》(1909年版)中记载,后来由"技师工学士"藏田次郎代替了内田初三郎[1]。藏田于1908年毕业于京都帝国大学理工科大学机械学科,在久保田铁工所任职后于1911年调到堺市的梅钵铁工所工作[2]。第一代技师长内田初三郎的具体情况不详,据说有可能藏田在就职时内田就已经不在久保田铁工所工作。

而第二代经理人是广中常四郎,广中"以敏腕著称,同所(久保田铁工所——引用者注)之今日仍多仗其方"[3]。但是在1912年7月,由于涉嫌在向横滨市自来水供货时收取贿赂,包括广中在内的久保田铁工所相关人员遭到检举[4]。此事后期发展不详，但这对于正在迅速扩张的久保田铁工所来说无疑是当头一棒。

如图1所示，久保田铁工所的铸铁管产量1908—1912年连续快速增长，在1912年（大正元年）其产量几乎占全国的六成。也就是在这个时期，久保田铁工所确立了其在业内的最高地位。如表1所示，1908年（明治四十一年）以后，产值急剧增长，久保田铁工所极大地支持了日本各地不断扩大的自来水铺设事业。久保田的客户不仅仅局限于日本国内，甚至还有当时中国东北地区的南满洲铁道及镇海海军经理部（朝鲜）等单位。1913年（大正二年），东京坚铁制作所（资本金1000万日元）的从业人员有359人，技术人员7人，其中包括1名工学学士。同年上下水管道的产量为8000吨，瓦斯、电气用直管4500吨，其他异型管1200吨，共计1.37万吨。此外铸造机械类2300吨，车轮800吨[5]。

大阪铁工所由于铸铁管业务量的增加，需要扩充设备。因此在兵库县川边郡的尼崎町购买2.3万坪（约7.6万平方米）的土地来新建铸铁管工厂。该工厂安装有德国专利许可的旋转铸铁管制造设备，计划大批量生产，于1912年7月开始投入使用。年产量约20000吨，从业人员约400人，厂长由副经理今村勇之助兼职担任[6]。

表1 久保田铁工所大宗客户（10万日元以上）

年份	客户名称	承包金额（日元）
1908	大阪瓦斯公司	411621
	高崎市政府	157318
	堺市政府	176942
	大阪市政府	499795
	名古屋瓦斯公司	200996
1909	东京瓦斯公司	610852
1910	横滨市水道局	2179533
	京都市政府	661391
	小仓市政府	310148
	南满洲铁道公司	199598
1911	镇海海军经理部	118870
1912	横须贺海军经理部	1412215
1914	松江市政府	185772
1915	吴市政府	199750

[出处] 三山楼主人[1916]，"由铸造业进军机械制造业的久保田铁工所"，《铁工造船时报》第1卷第5号（铁工造船时报社），34。

关税改革

1907年（明治四十年）至第一次世界大战爆发，以久保田铁工所为首的民营铸铁管制造商面临的最大难题就是与进口产品的竞争，以及与大阪炮兵工厂这种官营工厂之间的关系。

1911年（明治四十四年），在关税修订之前，民间的铸铁管制造商曾要求过提高关税。在1909年11月8日下发的《关税修订意见书》中,七名企业代表对日本外务大臣小村寿太郎提出增加铸铁管关税的要求。这七名企业代表分别是川崎造船所社长松方幸次郎、大阪铁工所所主范多龙太郎、久保田铁工所所主久保田权四郎、纪野吉铁工所代表社员栗本勇之助、东京坚铁制作所常务董事植田六郎平、釜石矿山田中制铁所铸铁管销售员水桥义之助、永濑铁工所所主永濑庄吉[7]。

田中制铁所在1908年时,具有日本国内最大规模的铸铁管制造工厂。大阪铁工所将铸铁管作为造船业的副业,从1900年开始生产铸铁管[8]。

民间铸铁管制造商"虽早期所制之产品较进口产品多有逊色,然本国铸铁管制造业近年其设备及制造法均改善显著,面貌一新"。不仅如此,而且"因中、朝两国大兴此业(自来水、瓦斯工程——引用者注),若我等开拓两地市场,便可供其此等优质重要之产品"。[9]但是由于原材料的铣铁及焦炭需要依赖进口,所以在价格竞争上不占优势,因此要求提高铸铁管的关税。

一直以来,铸铁管都被划分为"铁及低碳钢"中的"筒与管"一类中,税率为协定税率的从价税率10%来计算。针对这一问题,他们提出:(一)应将"筒与管"类分为甲乙两类,甲类为"铸铁类",乙类为"炼铁类",税率也应有所区分;(二)

"铸铁类"的税率标准应为从价30%；(三)将旧式的从价税改为从量税。在第三点当中，当时日本国内产品与外国产品之间的价格差是每吨20日元，按照从价30%的税率来算，每吨课税18日元。

此意见书中的提高关税理由由栗本勇之助[10]发表在《工业之大日本》中[11]。栗本是名律师，善于雄辩，他与权四郎一起作为铸铁管行业的代表人物，活跃于各种场合。

在新颁布的关税政策中，将"筒与管"分为三类，分别是"铸造类""提炼类"和"其他"。"铸造类"的税额是每百斤(每斤约600克——译者注)征收1日元(每吨为16.8日元)关税。可以说，几乎实现了民间铸铁制造商的要求[12]。

炮兵工厂生产铸铁管与民间企业

另一个难题就是与大阪炮兵工厂之间的关系。中日甲午战争以后，包括久保田铁工所在内的民间铸铁管企业，通过工人和技师的人员流动，从先进的大阪炮兵工厂学到了很多经验。如图1所示，1914年(大正三年)以后，由于铣铁价格暴涨，铸铁管的市场需求降低，于是出现了大阪炮兵工厂压制民间企业的这种问题。

对此大阪铁工所社长山冈顺太郎、栗本铁工所代表社员栗本勇之助、久保田铁工所所主久保田权四郎、东京坚铁制作所常务董事植田六郎平以及釜石矿山代表水桥义之助五人于1914年6月4日向日本农商务省大臣大浦兼武提出"炮兵工厂在民用自来水铁管生产订单方面压制民间企业的陈情书"[13]。

陈情书的中心思想是"今后炮兵工厂应停止接受一切铁管生产订单"。其大致内容为：（一）目前民间的生产能力年产量可达10万吨，内径60英寸以内的铁管已完全实现国产；（二）在这种背景下，炮兵工厂继续生产铁管无疑是"极大地压制了民间企业，该行业的民间从业人员为此蒙受了极大痛苦及损失"；（三）炮兵工厂也许会说因维护员工生计而无法停止铸铁管的生产，但是该厂的铁管生产只占其整体业务的一小部分，且"铸铁管之生产多为粗略式作业，该工厂更应维护制造精良兵器之员工，这一点不言而喻"。

对此，陆军次官大岛键一回答："东京及大阪炮兵工厂所接受之铸铁管订单主要为官厅及公署之委托，与民间企业并无竞争。今后将会更加关注民间企业之状况，避免陷入竞争之旋涡，招致误解。"[14]

大阪炮兵工厂在其后仍旧继续生产铸铁管，其主要业务为第一次世界大战中陆军内部需求及官厅公署之订单。1919—1925年曾向大阪市、广岛市、福井市、和歌山市提供产品，但并没对民间企业造成太大影响。

市场开拓与直接进口铣铁原料的尝试

在民间企业抗议压制的同时,权四郎将目光投向了中国市场。1913年(大正二年)2月,权四郎向日本外务省通商局局长咨询中国哈尔滨市自来水的铺设工程,希望获知"水管铺设之官办、公办、私办企业之名称及其所在地""需要铸铁管之吨数及直铁管内径等具体情况","铁管购买时间与竞标相关要求"等。

久保田还强调其产品的竞争优势,在哈尔滨"德国商人势力强大,因此由我等企业直接接受委托较为容易。我厂产品在品质价格方面,与德国产品相比具有明显优势,堪称世界顶级水准。且可比英国之优良品,毫不逊色"。[15]

但是日本驻哈尔滨总领事向当时的市长咨询后发现,哈尔滨准备建设的是下水渠沟项目,并非自来水管道铺设工程[16]。

在1913年11月,久保田还委托日本外务省通商局局长调查是否可以向中国武昌市销售自来水管道。对此在同年12月,汉口的总领事代理高桥新治向外务大臣牧野伸显做出汇报。汇报中指出,当时武昌自来水公司负责施工的技师长是奥地利人,他同时也兼任上海自来水公司的技师,所需资材已委托德国工厂。所以"估计我方并无希望为自来水公司供货"。这份报告被立刻传到久保田铁工所,在久保田写给日本外务省通商局的回信中提到"今后有关中国之自来水建设工程"还恳请能多多联系[17]。

后来,久保田铁工所针对原料铣铁开始尝试跳过批发商,直接从国外进口。除了少量的国内铣铁,久保田铁工所使用的铣铁主要是英国铣铁,其次是三井物产公司的汉阳铣铁[18]。久保田每年都会通过"神户首屈一指的外商"采购约40000吨(150万日元)的英国铣铁,但佣金昂贵[也有通过国内中介(即中间商,俗称二道贩子)反而价格低廉的奇怪现象],所以久保田想尝试直接从国外进口原料[19]。

但当时驻伦敦的商务官田原丰答复说,此事有难度。据田原丰说尽管久保田已经向他咨询过此事,他作了答复,但久保田再次向他做了同样的咨询,这让他觉得很不可思议。而且他认为"从大阪市久保田铁工所的经营状况来看,每月需要5000吨铣铁这种说法有些夸大其词"[20]。

其中,釜石矿山田中制铁所针对日本国内铣铁的使用情况,指出"釜石铣铁特征为坚韧且牢固、耐撞击、抗压性强,貌似为生产铁管类产品最佳原料,但遗憾的是该铣铁熔化困难,缺乏流动性,故并非多数铸造业者的首选。为解决产品脆弱问题,需混用易熔且流动性强的英国莱多卡铣铁[21]，或使用低档品，或使用中国产汉阳铣。但为确保产品坚固，会调配二至三成釜石铣"。对此"本工厂以釜石铣为基本原料，自初期开始决定不使用他品种原材，经专心改良熔解法……终获得成功，只需釜石铣完成优质铸造"。[22]

另一方面，在第三部分将会介绍，权四郎等其他铸铁管制造商是由于铣铁的成分问题才不得已使用国外铣铁来做主要原料。

技术革新的意义

从日俄战争开始到第一次世界大战期间，支撑久保田铁工所飞跃发展的新技术之一是"旋转式铸铁管铸造装置"（1908年获得专利，专利号14714）。

"将铁管铸造模型安装在旋转的台面周边，使铸造模型依次旋转，这种旋转式铸铁管铸造装置的主要优势是，在作业过程中明显节省操作程序，使生产变得简易迅速。"[23] 由于使用该设备，铸造的生产速度大幅提升。

前文提到在1900年（明治三十三年）开发出来的"整模立浇铸造法"没有取得专利[24]。在1907年的纪野吉铸所的广告中，出现了"本工厂采用最新获得专利的新式垂直铸造法，由具有多年经验的技术纯熟之技师来生产"[25]的说法。其中"新式垂直铸造法"与"整模立浇铸造法"之间的关系尚不明确,但由于久保田铁工所没有取得专利,所以在这个时期,"整模立浇铸造法"极有可能已经不是久保田铁工所的独家技术。

据前文提到的东京劝业博览会审查报告所述,"铸型通常采用直立铸造法,铸铁管业务尤为困难。铸铁管外壁内侧的干燥法,植田公司(东京坚铁制作所——引用者注)采用将铸型置于燃烧焦炭的暖炉上这种旧式做法,由于炉内火候掌握困难,不仅耗费时间,还无法保证细长的铸铁管内壁达到同一干燥程度,因此极易出现个别地方有瑕疵的情况,并由此导致作业失败"。

"釜石田中制铁所将此事引以为鉴,率先使用石灰瓦斯来干燥内侧,遂得其愿……此法可自由控制瓦斯之焰,使其贯通管内上下,管内干燥自由控制。釜石公司约可减 1/4 的时间,成本亦因此降低。此外,铸型内壁之黑色涂型法亦采用同等方式,巧而施之。在成形铸铁管之外壁粉刷防锈剂时,釜石公司采取添加亚麻籽油之法"。[26]

从上述记述可知,1906年左右东京坚铁制作所以及釜石矿山田中制铁所已经采用"直立铸造法",而且黑色涂型法也已在各工厂获得普及。

1907年，釜石矿山田中制铁所在铸铁管的制造方面有如下记载："铁管采用干型直立铸造法"，"铁管生产须依直立铸造法，可生产铁质细致的优质品"。但是，"铸型外壳为铁质半圆筒形，将左右两半对合时便可形成圆筒形""大管与中小管生产铸造方法有所差异，大管须将铸型悬垂于铸型外壳固定，移动其他部位；中小管不需固定悬垂，可在工厂适宜场所进行对合作业。"釜石矿山田中制铁所并没有将所有的大中小管都采用"整模立浇铸造法"，而是采用了分模立铸法[27]。

由此可见，久保田铁工所在1908年以后，其采用的"整模立浇铸造法"和获得专利的"旋转式铸铁管铸造装置"在发展生产方面起到了极大的作用。

东京劝业博览会审查报告在结尾处指出，"目前本邦多数从业者之弊为铣铁铸造知识匮乏。即不通原料铣铁之化学成分，不明铣铁熔炼之术。铸物有良莠之差，时可酿成危险。须据其所用铣铁之时价，加以调整，改善熔铣作业"。[28]

在报告书中明确提出需要具备"原料铣铁化学成分"的相关知识和各种铣铁的合理配比方法。可以说发明了"旋转式铸铁管铸造装置"的权四郎，不仅仅利用了经验法则，他还寻求获得更高的技术知识。从这一时期，就开始出现大学毕业的技术人员，但对权四郎来说，不了解生产现场的技术员毫无用处，他需要的是在现场经过锻炼的技术人员。

注释:

1 工业之日本社编(1909),《日本工业要鉴》第4版(同社),490。
2 工业杂志社编(1911),《日本工业录》第4版(同社),186。
3 文明社编(1913),《大阪现代人名词典》(同社),5,7。
4 《东京朝日新闻》,1912年7月20日、21日。
5 工业之日本社编(1914),《日本百工厂》(同社),46,48。
6 日立造船股份有限公司编(1956),《日立造船股份有限公司七十五年史》(同社),48;"大阪铁工所的扩张",《大阪朝日新闻》,1912年11月30日(神户大学附属图书馆新闻记事文库)。
7 "关税修订意见书",明治四十二年11月8日(亚洲历史资料中心、Ref.B12083075700、外务省外交史料馆)。
8 市川孝正(1984),"日本的工业化进程及旗手——铸铁管工业",《社会经济史学》第50卷第1号(日本经济史学会),26—27。
9 同上,"关税修订意见书"。
10 权四郎曾在纪野吉三郎商店购入原料铣铁,该商店受到久保田发展的刺激,于1906年6月开办了纪野吉铸作所,开始生产铸铁管。但由于在同一时期拓展的海运业务的失败,最终破产。该铁管工厂转让给了当时的经理兼法律顾问栗本勇之助,栗本于1909年2月成立合资会社纪野吉铁工所。其后,在1914年5月,栗本将该公司改名为合资会社栗本铁工所。久保田铁工编纂(1970),《久保田铁工八十年的道路》(同社),20;栗本铁工所编纂(2010),《栗本铁工所百年纪念志》(同所),5—6。

11 栗本勇之助(1910),"关税修订与我国铸铁管制造业",《工业之大日本》第7卷第3号(工业之大日本社),5—6。

12 农商务省工务局编著(1912),《主要工业概览》(同局),425。

13 "炮兵工厂在民用自来水铁管生产订单方面压制民间企业的陈情书",大正三年6月4日(亚洲历史资料中心、Ref.C02031781500)。

14 "答复次官提向农商务省次官"(同上)。

15 三宅宏司(1993),《大阪炮兵工厂之研究》(思文阁出版),255。

16 久保田铁工所"清朝(哈尔滨)水道铺设工程调查请求",大正二年2月12日;驻哈尔滨总领事本多熊太郎寄往外务省通商局长坂田重次郎书信,大正二年3月4日(亚洲历史资料中心、Ref.B12082072000、外务省外交史料馆)。

17 久保田权四郎"海外供货的相关调查请求",大正二年11月23日;驻汉口总领事代理高桥新治"铸铁管供货的相关调查",大正二年12月15日;久保田铁工所"拜领武昌水道铸铁管相关调查结果",大正二年12月30日(收录于"汉口铸铁管水道供货相关调查",亚洲历史资料中心、Ref.B11090043100、外务省外交史料馆)。

18 中国清朝汉阳铁厂(1980年开办)生产的铣铁。汉阳铁厂、大冶铁山、萍乡煤矿合并后于1980年成立汉冶萍公司。

19 久保田铁工所经理弘中常四郎"海外进口交易相关调查请求",明治四十五年3月25日(收录于"铁管原料铣铁直接交易相关材料",亚洲历史资料中心、Ref.B11091683500、外务省外交史料馆)。

20 驻伦敦商务官田原丰"铣铁直接交易相关调查之答复",明治四十五年4月16日(同上)。

21 莱多卡铣铁是明治时期进口的主要铣铁，关于此铣铁的详细信息请参照长岛修（1997）"西洋进口的意义"，收录于高村直助编著《明治的产业发展与社会资本》（Minerva 书房），316-322327-329。
22 《日本矿业会志》第 271 号（资源·素材学会），696—697 页所刊内容"釜石矿山田中制铁所近况（承前）"。
23 "旋转式铸铁管铸造装置"专利详细介绍书，1。
24 虽有书 [大阪府知事官房编纂（1935），"铁管生产改良功不可没久保田权四郎"，《实业功臣苦心谈》（同知事官房），244] 提到权四郎本人曾证言"34 年发明了高效的'整模铸造法'（现在的方法），并获得了专利"，但这应该是个错误。
25 "纪野吉铸作所"的广告刊登在上述《工业之大日本》第 4 卷第 7 号。此期于 1907 年 7 月 1 日发行。
26 东京府编纂（1908），《东京劝业博览会审查报告》卷 3（同府），523。
27 同上，新闻"釜石矿山田中制铁所近况（承前）"。刊登在《日本矿业会志》第 271 号，685-686690694。
28 同上，《东京劝业博览会审查报告》卷 3524。

Ⅳ 第一次世界大战时期的多元化建设

铣铁价格暴涨导致铸铁管需求降低

如图1所示,以1912年(明治四十五年)为界限,铸铁管的全国市场需求骤然减少。直到1923年(大正十二年)之后再次超过1912年的需求量。市场需求衰退不仅受到当时日本经济下滑的影响,在第一次世界大战期间,"我等铸铁管制造者受时局影响原料加工费暴涨,原本预算有限的水道铁管订货量大幅减少"[1],这种情况占了很大原因。所以说,铣铁价格暴涨大大地制约了铸铁管的实际需求。

第一次世界大战结束后,铣铁荒的困境便烟消云散。1919年5月终于迎来转机,"因战乱导致铣铁暴涨,多数地区自来水铺设工程被迫延期。急需之处虽以木管代替,但战争停息,铣铁价格逐渐回落,价格仅为暴涨时期的1/4,由此水道铁管亦可实现低价。目前普通铣铁120日元,以此生产铁管可实现200日元之低价。如此背景下,各地区城市便可着手实现既已规划之项目,向铁管生产中心之地大阪发来多数订单"。[2]

如上所述,尽管一战期间商机不断,但是铸铁管制造商由于受到原料铣铁价格暴涨的影响,需要面临市场需求减退的困境,他们无法维持正常的生产。

向机床生产转型

一战期间,在铣铁荒的背景下,专业铸铁管制造商久保田铁工所开始摸索多元化产品的生产。其中,选择的产品之一就是具有多年车床铸物经验的旋床,即工业车床的生产。

久保田铁工所将本公司工厂(即后来的船出町工厂)的小径管铸造的第一和第二工厂改造成机床工厂,1914年(大正三年)年底开始生产机床。久保田从海军那里聘任了机床专家佐藤顺藏,安装了60台国外的先进设备,"新工厂里都是出色的进口设备,当时在大阪的机械工厂中,没有可以与之匹敌的工厂",佐藤与池贝铁工所(现在的池贝)的池贝庄太郎是师兄弟,都是被海军派往欧洲生产现场锻炼过的技术人员。1917年,毕业于大阪高等工业学校机械科的朝仓乘之辅入职,此时已有四名机床设计专员,八九名生产设计专员[3]。

朝仓入职时遵循权四郎"技术人员若无工人之经历则无法成为合格的技术员"这一想法,首先以机械工的身份接受锻炼,本应锻炼一年，但机床工厂专员因为只有先于朝仓入职一年的井泽能夫一人，所以朝仓仅锻炼半年便成为专员[4]。

当时大阪有一家具有代表性的机床厂家若山铁工所（1898年创建，现为新日本工机）。该所由曾经是普通工人的若山泷三郎经营打理。若山泷三郎与权四郎自明治时期以来就已相识，在泷三郎的追悼文中，权四郎曾评价"对于工作他会全力以赴，坚决完成。自己的房子哪怕是漏雨他都能忍耐，但是神圣的工厂却一定要保持明亮、整洁，令人心情愉悦"。对此，"我完全赞同"[5]。

机床生产首先从小型机床开始，进而扩大到铣床、镗床及龙门刨床的生产。1916年久保田铁工所成为海军的指定工厂。表2是一战的经济好转过后，1922年的主要机床工厂数据。池贝、唐津、新潟各铁工所及东京瓦斯电气工业以及没有出现在此表中的名古屋大隈铁工所（现在的大隈）在20世纪20年代后半期被称为"五大工厂"。汽车制造和大阪铁工所两家工厂，在各自生产铁道车辆和造船之余兼营机床生产。久保田铁工所的机床生产规模可以说仅次于当时的五大工厂。

1912年（明治四十五年），毕业于大阪高等工业学校机械科的东山笃次郎（后与权四郎长女静江结婚，入赘为婿）进入久保田铁工所，当时该所几乎没有大学毕业的技术人员。在一战的前期与后期，权四郎开始积极采用大学毕业的技术人员，不仅有前面提过的朝仓和井泽，还于1915年（大正四年）聘用了村上谦三（1914年毕业于东京高等工业学校机械科，曾就职于堺纺绩），1918年聘用了田中勘七（1914年毕业于明治专门学校机械工学科，曾就职于铁道院与大阪电灯），1921年聘用了金丸喜一（1908年毕业于东京帝国大学舶用机关学科，曾就职于神户三菱造船所）[6]。朝仓、村上、田中、金丸等人均长期就职于久保田铁工所，成为其骨干员工。营业部门聘用大学生在1917年，久保田铁工所的营业骨干如表3所示。此外，会计部长须山令三、尼崎工厂长五岛俊吉（后文将会提到）都与权四郎是同乡，来自因岛的大滨村[7]。

船舶机械、炼铁设备的生产

机床生产步入正轨以后，1916年（大正五年），与浅野造船所达成一笔8000吨级别货轮蒸汽机的买卖，次年久保田铁工所购入四台机器。久保田以此为契机，开始生产起货机（Winch）和起锚机（Windlass）等船舶机械。1917年准备进军冶铁业的浅野合资会社向久保田抛出轧钢机的订单，久保田从此便开始生产冶炼设备。

表2 主要机床工厂

工厂名	所在地	注册资金或投资额（千日元）	员工数（人）
池贝铁工所	东京	3400	700
唐津铁工所	佐贺	1500	480
新潟铁工所	东京	3500	400
火车制造	大阪	2210	200
东京瓦斯电器工业	东京	17500	265
若山铁工所	大阪	1000	150
久保田铁工所	大阪	1000	120
安田铁工所	大阪	5844	174
大阪铁工所	大阪	700	270
小松制作所	石川	500	150
白杨社	东京	100	30
碌碌商店	东京	200	120
城东制作所	大阪	150	107
平尾铁工所	大阪	200	50
作山铁工所	大阪	250	200

[出处]农商务省工务局编纂（1922），《主要工业概览》第3部机械工业（同局）93—94。

表3 久保田铁工所的营业干部（1917年4月）

职务	姓名	备注
营业部长	柴柳新二	
会计部长	须山令三	
工务部长	山本惣治	
庶务科长	木村利龟太	
顾问	铃木重彦	海军机械中佐
尼崎工厂长	五岛俊吉	
机床工厂长	佐藤顺藏	原为海军工程师
机械生产厂长	芳野隆三郎	
设计部长	菅濑	工学学士

续表

职务	姓名	备注
生产设计主任	林米槌	原为大阪铁工所机械生产设计主任
机床设计主任	松叶贤志	原为海军工程师

[出处] 朝仓乘之辅（1941），"入职时期的久保田铁工所及社长的形势策略"，久保田铁工所总务部文书科编纂，《久保田铁工所股份创业50周年纪念庆志·满洲久保田铸铁管股份有限公司创立五周年纪念志》（同所），50。

如此一来，由于机床、船舶机械和冶炼设备等各种工业设备的生产规模不断扩大，久保田铁工所的工厂由生产铸铁管逐渐升级为生产机械设备。由于工厂规模有限，1916年又在工厂大门前面增设了分工厂，用来生产机械铸物。如图1所示，日本全国的铸铁管需求量从1911年的6.9万吨一直衰减到1918年的0.6万吨。久保田铁工所的产量在日本全国占比，1914年、1915年跌落谷底，只有两三成，而1917年以后又达到六成左右，尽管如此，在1918年，其产量只有0.4万吨，是1912年的1/10。在铸铁管市场如此不景气的环境下，久保田铁工所尝试的产品多元化无疑是正确的。

铣铁荒与尼崎·恩加岛工厂

大阪西区的南恩加岛町（现大正区）由于大阪制铁和日本铸钢所等企业的落户，逐渐形成临海工业带。久保田铁工所于1916年（大正五年）4月在此购入3.82万平方米的土地。权四郎打算将本公司工厂的铁管部门和关西谷町的铸物部门都集中在这里。

前面曾提到过大阪铁工所的兵库县川边郡尼崎町的工厂，引进了德国专利的铸管装置（年产量为2.5万吨），在1912年（明治四十五年）开始投入使用。大阪铁工所原本是专业造船的工厂，一战期间，需要集中精力经营主业，为此，尼崎工厂与本公司工厂分离，于1916年5月成立了关西铁工股份有限公司。

由于一战时期铣铁价格暴涨，铸铁管行业持续低迷，关西铁工的状况未能得到改善，于是有意将其转让给栗本铁工所或者是久保田铁工所，最后久保田铁工所收购了这家工厂。1917年8月关西铁工成为久保田铁工所的尼崎工厂，首任厂长是五岛俊吉。当时大阪开始限制在市区开办铸铁管工厂，而且久保田铁工所的机械生产业务增加导致公司的工厂越来越不够用，所以才会收购关西铁工。收购时关西铁工大约有250名员工，这些人其后又继续在尼崎工厂工作，同时久保田铁工所也从铁管部门调去了一些设备和员工[8]。

以前权四郎常去的见性寺里面还存有纪念他捐赠的石碑，这块石碑立于1918年1月，碑上刻有久保田权四郎和"大阪铁工所"。这块石碑见证了当时双方的友好关系。大阪铁工所

1911年（明治四十四年）收购了因岛船渠工厂，将其作为因岛工厂，该公司与因岛有着密切联系。

关西铁工采购原料非常困难，1917年（大正六年）9月曾被报"关西铁工所承接生产神户市水道铁管与水表，举步维艰。如此度日，不得已只能休业。除已订原料，眼下铣铁稀缺，只能谢绝订单。且尼崎市水道由于铣铁暴涨，无法按计划施工"。[9]

关西铁工其后仍旧没有解决原料采购问题。该工厂的专务董事加纳伊之助曾在1918年向日本当时的农商务大臣提出要求，希望能够允许该公司进口美国的铸铁管。尽管该公司在这一年的7月份与神户市政府签订合同生产铸铁管，但是"目前本国铸铁管制造商无法采购铣铁原料，大有停产之势。无奈只能依靠外国产品，且自一战以来，欧洲各国几乎停产铸铁管，只有从美国进口"。[10]

第一次世界大战的铣铁荒给铸铁管制造商带来了极大的影响。1917年6月，关西铁工专务董事今村勇之助、栗本勇之助、久保田权四郎和田中矿山（釜石矿山田中制铁所改组后的名称）铸铁管销售员水桥义之助四人联名上书，向陆军大臣大岛键一提出"关于炮兵工厂生产水道铸铁管的陈情书"[11]。陈情书中写道："我等听闻近来大阪及东京炮兵工厂接受陆军以外订单，生产水管及其他铸铁管。受时局影响,原料铣铁暴涨且缺货,民营制造商已无法维持以前价格,我等希望炮兵工厂能够给予救济认购。我等厂家受此影响,蒙受诸多打击,今后方针关系我等存留与否。"这是当时的铸铁管厂商的真实写照。

权四郎这些人的陈情书其主要宗旨是"炮兵工厂不按原料铣铁之市价购入,按其成本接受订单。如今铣铁市价暴涨,其手握廉价铣铁库存。由此炮兵工厂与民营厂商的生产成本相差甚远,民营厂商价格偏高,炮兵工厂的定价偏低,所以客户都从炮兵工厂订货"。因此,"为挽救时局,若不得已接受了陆军以外的订单,炮兵工厂可将原料转让于民营厂商,并指定订单价格,让民营厂商来生产"。

但是,大阪炮兵工厂负责运营的村冈恒利对陆军省副官和田龟治的答复是,对于现状的认识,我有异议[12]。其中心思想是"我厂拒绝将陆军以外订单转让给民营厂商"。村冈恒利的说法是,之所以会接受这种订单,那是因为有不得已的时候。

例如1917年(大正六年)2月,接受了大阪市政府的400吨直铁管,25吨异型管的订单。这是因为"城市开发急需铸铁管,但近来铸铁管原料价格暴涨,我等行业的销售同盟不正当地将价格提高。但大阪市的预算无法承受价格,除了停工已经别无他法。这给自来水的普及工程带来巨大打击,因为有这种特殊困难，我们只能接受委托，为其生产产品"。还有1916年（大正五年）2月接受的订单里，铁管预算被划在大正六年，"所以以新购的铣铁材料成本为计算标准，并没有按照库存原料的价格来计算"，大阪炮兵工厂如此解释道。

有一份针对大阪炮兵工厂此番解释进行解说的史料，这是大阪市市长池上四郎向陆军大臣大岛键一提出的"有关生产水道铁管意义的禀报"。由于大阪市人口增加，自来水用量也随之增加，但供水能力有限，于是大阪开始计划增加铺设自来水管道。但是大阪市认为"铸铁管受时局影响，能制造铸铁管的厂商变少，其价格奇高且无法确保交货时间。为此我市在推广自来水这一项目上，困难重重"。因此，"上水道自开工以来，大阪炮兵工厂多次为我市生产铁管，为我们提供了极大的帮助"。这是一份希望大阪炮兵工厂能够接受市政府订单的禀报[13]。

针对这种铣铁荒，权四郎构想的最为彻底的解决方案是开发上游产业，实现垂直整合。关西铁工包括附近的租地，面积共有7.59万平方米，后来的尼崎工厂也继续租借土地，并在此建设冶铁部门，他们想借此实现铣铁自给并直接进行铁管铸造（从熔炉中流出的铁水不加以固化，直接成为铁管的生产原料）。

久保田铁工所将铁管部门转移到尼崎工厂，因此把铸造部门集中在南恩加岛。1918年春，新工厂竣工，首任厂长为田头重次郎。1922年，恩加岛有230名员工，主要生产异型管，后期也生产耐热铸铁和发动机等机械类铸物等。

第一次世界大战时期进口困难，铁管的原料铣铁暴涨。1917年10月权四郎的代理人大熊鹤太对农商务大臣仲小路廉曾提交过"进口美国铸铁请愿书"。为促成这次进口业务，同年12月，农商务次官上山满之进与外务次官币原喜重郎进行联系，意在告知久保田铁工所需要的进口铸铁，用来生产八幡制铁所和吴海军工厂订购的铸铁管和机床等产品[14]。

农商务省向外务省发出请求的中心意思是，为了确保久保田铁工所的铸铁管和机床类的重要产品能够顺利生产，希望对方能够促成美国铸铁的进口事宜。

在铁荒的背景下，关西制铁股份有限公司（资本金200万日元）于1918年9月成立。久保田铁工所方面的董事有久保田权四郎为社长，柴柳新二（久保田铁工所营业部长）为专务董事，须山令三为监察人。但公司成立两个月以后，战争结束，钢铁的市场状况发生了巨大变化。战后从印度和欧洲等地大量进口钢铁，钢铁价格一落千丈。关西制铁于1920年底停产关闭。

权四郎的上游产业多元化的构想以失败告终。20世纪20年代，主要支撑久保田的部门是公司工厂（包括第一分工厂）、恩加岛工厂和尼崎工厂的机械、铸物和铁管三大业务部门。

经营体制的整顿

一战期间久保田试图通过多元化来加强原料调配能力并强化经营体制。1918年（大正七年），久保田铁工所租用了位于东京市日本桥区钢铁中间商的房子，作为东京办事处。首任所长是久保田铁工所以前的经理楠川由藏，楠川在东京坚铁制作所工作的时候，该所由于受到铁荒的影响，业务低迷不振，最终倒闭，楠川再次回到久保田铁工所工作。开办东京办事处的目的就是为了确保购买原料铣铁，这本是一个采购点，后来演变成联络浅野造船所和横须贺海军工厂业务以及关东地区以北用于水道、瓦斯的铁管交易的窗口。该办事处在增加订单方面做出了很大贡献，所以在1938年（昭和十三年）升级为东京支店。

九州地区的业务刚开始是通过佐佐木商店代理，但从1918年（大正七年）开始八幡制铁所的订单增加，而且与佐世保海军工厂等新客户的交易也逐渐步入正轨，所以同年在小仓市开设九州办事处（首任所长是大内忠雄）。后来1919年又增设了吴海办事处（首任所长是今西安太郎），主要业务为处理吴海军工厂的各种机床、汽锤和铜锡合金阀门的订单。

注释：

1 "关于炮兵工厂生产水道铸铁管的陈情书"，大正六年6月（亚洲历史资料中心、Ref.C03022418900、陆军省大日记、防卫省防卫研究所）。
2 "水道铺设与铣铁"，《大阪新报》，1919年5月2日（神户大学附属图书馆新闻记事文库）。
3 朝仓乘之辅（1941），"入职时期的久保田铁工所及社长的形势策略"，竹下百马·猪股昌孝编《久保田铁工所股份创业50周年纪念庆志·满洲久保田铸铁管股份有限公司创立五周年纪念志》（久保田铁工所总务部文书科），50。
4 同上。
5 大阪若山铁工所编纂（1940），《已故若山泷三郎追悼录》（同所），216—217。
6 "主要技术人员名簿及简历"（收录于《久保田铁工所股份有限公司机械部》，昭和八年，亚洲历史资料中心、Ref.C05023225800、防卫省防卫研究所）。
7 小田原大造（1962），"我的简历"，《我的简历》第16集（日本经济新闻社），91。
8 久保田铁工所编纂（1951），《日本铸铁管事业发展史》（社内资料），44。
9 "美国钢铁解禁运动"，《大阪朝日新闻》，1917年9月7日（神户大学附属图书馆新闻记事文库）。
10 关西铁工株式会社专务董事加纳伊之助"请愿书"，大正七年（亚洲历史资料中心、Ref.B11100587700、外务省外交史料馆）。

11 同上,"关于炮兵工厂生产水道铸铁管的陈情书"。
12 大阪炮兵工厂运营者村冈恒利的"有关生产水道铁管一事的答复",大正六年7月(上述亚洲历史资料中心、Ref.C03022418900、陆军省大日记、防卫省防卫研究所)。
13 大阪市长池上四郎"有关生产水道铁管意义的禀报",大正七年2月13日(亚洲历史资料中心、Ref.C03011069600、陆军省大日记、防卫省防卫研究所)。
14 "有关久保田铁工所进口铣铁之事宜",大正六年(亚洲历史资料中心、Ref.B11100566800、外务省外交史料馆)。

V 战争时期的劳资关系与业务发展

20世纪20年代初期久保田铁工所的工人状况

1921年（大正十年），久保田铁工所整体运营四个工厂，1500—2000名职工。四个工厂分别是总公司工厂（1919年1月之前叫做本店工厂，位于南区北高岸町，建筑面积2793坪）、第一分工厂（南区船出町，建筑面积412坪）、恩加岛分工厂（西区南恩加岛町，建筑面积975坪）、尼崎分工厂（兵库县尼崎市大洲村，建筑面积318坪）[1]。

总公司工厂包括第一工厂到第四工厂四个工厂，第一工厂生产机床、鱼雷及大炮零件，第二工厂生产船舶机械、造船机械、制铁设备、起重机以及普通的各种机械设备，第三工厂生产大型船舶主机，第四工厂生产铜锡合金、锰青铜、磷青铜以及其他合金。第一分工厂主要生产普通机床铸件，恩加岛分工厂主要生产机床铸件以及异型管，尼崎分工厂又分为直管工厂、异型管工厂、水压试验厂、组装工厂、普通铸造工厂。

据协调会（1919年设立）调查，1920年的总公司工厂有646名工人，工种包括车床工、组装工、铸件工等（如表4）。办公室文员63人（包括3名女性）、技术员25人[2]。1921年11月底有组长10人，伍长50人，普通职工490人，与1920年年底相比，人数减少将近百人。

表4 总公司工厂各工种职工人数（1920年末）

工种	17岁以下	17—50岁	50岁以上	合计（人）
车床	14	165	1	180
组装	11	135	1	147
锻造		21		21
铸件	7	105	2	114
木模	1	37		38
电气	1	7		8
搬运		27	2	29
杂勤	2	99	8	109
合计	36	596	14	646

［出处］吉田宁"久保田铁工所工人状况"，大正十年12月。

在学徒制度方面，久保田铁工所"无徒弟制，采用见习制，采用15岁以上者，需与普通职工加以区分"。在久保田企业内部没有培训机构，想要达到技术熟练，OJT（On-the-Job Training）是唯一途径。"经济景气的时候员工流动较多，现在极少。"1920年的经济危机影响巨大，到1921年年底，劳动力的流动已经很少。

以1921年在久保田铁工所工作的一名21岁铸件工人[3]为例。他4岁丧父，14岁丧母，16岁开始在舞鹤海军工厂组装蒸汽机设备，18岁来到大阪。通过中介他先是在Buriki印刷厂工作了半年左右，然后又做了一年多的饭店跑堂，后来通过熟人介绍，进入大阪灯泡公司，1920年9月他又在三星汽船组装锅炉，该公司倒闭后进入久保田铁工所工作。

在印刷工厂时，每月有1日元的零用钱，在饭店时每月有3日元的零用钱，在大阪灯泡公司时属于长工，每天有1日元的零用钱，在三星汽船时也是长工，每天2.2日元，如果承包揽活的话，有时也能达到2.6—2.7日元，但是公司倒闭时没有得到任何补助。在久保田铁工所以每天2日元的长工价格被聘用。

各个工厂工人的工作年限构成请参照表5。工作时间不足一年的人数占61.6%，工作时间不足三年的人数占93.8%，可见，工人的工作时间都不长。久保田为了鼓励工人能够持续稳定工作，按照参加工作的年限，会在年底对全勤的工人实行奖励，退休津贴也会根据在职年数进行支付。例如退休时，连续工作10年的组长会奖励100天的工资，伍长为70天的工资，普通工人为50天的工资[4]。

在"职工规则"的若干规定中,有关"上下班要求"规定:"出勤者需着工作服或西服,但搬运工可穿专用号衣","所有出勤者均检查出勤牌,无牌者视为缺勤,不给予发放工资"。工资核算截止日期前半月为每月7日、13日发工资;后半月为每月22日、28日发工资。

表5 各工厂职工工作年限统计表(1920年12月24日数据)

工作年限	第一机械工场	第二、第三机械工厂	大炮零件工厂	电气部	第一分工厂	恩加岛工厂	杂工部	尼崎机械铸物工厂	尼崎铁管工厂	合计(人)
不满3个月	50	137	18	4	58	70	3	62	248	650
3个月—1年	23	45	5	4	18	6	2	12	111	226
1年—1年半	12	91	13	1	10	7	10	51	17	212
1年半—2年	16	83		2		9		4	29	143
2年—3年	23	46		2	1	14	2	12	3	103
3年—4年	10	6				10				37
4年—5年	1	1		1	2	5			2	13
5年—6年									1	1
6年—7年		1						1	5	7
7年—8年				1		2				3
8年—9年		1						1	4	6
9年—10年		1						2	3	6
10年以上		2		1				2	10	15
合计	135	414	36	16	89	121	19	156	436	1422

[出处]同前"久保田铁工所工人状况"。

此外,在"基本要求"中,明确规定处罚对象:"不遵从上司命令或反抗上司命令","在工厂内饮酒或与他人吵架、大声喧哗","工作中饮食、吸烟、睡觉等","私自制造物品或受他人委托制造物品"。而且还规定了:"作为领导者,若认定其不能胜任工作,将有可能会降级为普通职工"。

有关工资的支付方式,在这一时期,久保田铁工所为八小时工作制,所以"每八个小时的工作时间算作一个人工",超过八个小时的工作额外支付加班费。此外,根据"机械工厂包件规定":"成品按件计算工时","包件设备总工时的计算方法由主管、技师长、工长合议决定","利润分红由出勤天数乘以日工资作为比例进行支付","包件工资分配总金额由技师长、工长、庶务专员合议决定"。

同时,在"大炮零件包件规定"中,明确记载"大炮零件包件计费,工钱一贯为35钱","重量以去掉铸件毛边铣铁进行计算","包件工费中将会扣押一成工钱,作为不合格产品预存款,并且以储蓄为目的,将此部分作为工厂存款"。

·劳资纷争

1919年(大正八年)9月,受川崎造船所发生的纷争影响,总公司工厂的第二、第三工厂380名职工离开工厂在各处会合,9月17日选出六名代表与酒井工厂长面谈,提出了复工要求，包括将以前的津贴提高一半作为当日工资，并且还需要支付30%的临时津贴[5]。

为了应对此事件，酒井工厂长联系了须山令三、木村利龟太两位领导。公司方面的答复是提高工资有难度，但是可以提高20%的超时劳动补贴。但是第一工厂的职工听闻第二、第三工厂的涨薪运动后，也保持了统一步调，明确了立场。公司之前提出的条件是否能够全盘接受，还未成定论。在这种背景下，久保田铁工所董事会决定，工资不变，施行八小时工作制[6]。

但是，1920年，经济危机之后，劳动力市场发生转变，久保田铁工所于1921年4月向总公司工厂、恩加岛工厂、尼崎工厂，通过各组长向职工下达了由原八小时工作制改为十小时工作制的通知。职工方坚决不认可十小时工作制，对此，久保田铁工所的对策是"裁员"[7]。

一战后市场萧条，久保田铁工所也不得已于1920年解雇100人，次年解雇200人。在这种环境下，1921年6月总公司工厂的700多名职工提出申请，希望能够缩短劳动时间、支付解雇赔偿金、退休金、享有团体交涉权、施行工厂委员会制度等。同年7月尼崎·恩加岛工厂的职工约500人也与总公司工厂步调一致，发起相同运动。7月5日尼崎铁管工厂前张贴出公告，指出公司方面确立的工厂委员会只是"审查应对物价指数增减工资、管理医疗设施和风纪等情况的机构,但该组织并无裁决权"。对此,职工们气愤不已,与总公司工厂联合起来向五岛工厂长提交了十项要求。

第一条,"承认联合工会与团体交涉权"。对此,公司方面的答复是"联合工会不符合时代需求",并且对于"职工的雇用及解聘应归职工委员会管理"的提案"坚决拒绝"[8]。

以神户三菱造船所和川崎造船所的工人运动为代表,1921年是第二次世界大战前工人运动史上具有里程碑性质的一年。关西的大型企业几乎都经历过这种纠纷,久保田铁工所也发生了激烈的劳资纠纷。

1921年7月14日,尼崎工厂是通过尼崎市市长樱井忠刚和市里的会议长上村盛治等人的斡旋才平息纠纷。次日,总公司工厂签订的劳工协议中包含以下三点内容:(一)团体交涉权归属经营者认可的工厂委员会;(二)工作时间超过一年者离职可获得离职津贴;(三)不因本次工潮解雇任何员工。

1921年9月,成立了工厂协议员会,该会负责:(一)审核向工厂委员会提交的提案;(二)报告工厂委员会的议事经过;(三)协调各工厂有关提高效率等相关事项。工厂委员会中的委员共有9人被推举为工厂协议员的候补人选[9]。分别是第一工厂2人,第二、第三工厂3人,大炮零件工厂、搬运部（电器部、仓库部）1人，第一分工厂1人，恩加岛工厂2人。而尼崎工厂平均每二十个人中就选出一人作为工厂协议会员，然后这些协议会员再互相推举，产生9名工厂委员会委员[10]。

在工厂委员会委员进行选举之前，公司方面制作了《委员选举须知》，指出："不可选举窝里横"，"不可选举异想天开者"，"必须选举在众人面前可以堂堂说出自己的意见并勇于坚持的人，与此同时如果发现自己意见有错，还能够敞开胸怀接纳他人意见的人"，"如果难以找到符合上述几项要求的人，苦于人选的话，可以选举平时言论严谨、作风正派的人，这样应该也不会有错"[11]。

在解释"异想天开者"时，须知指出公司"自一战以来流入我国的思想有些过激内容与日本国情截然不符，抑或不符合时代要求。……有些思想过激的人，想要立刻在日本实施建设他们理想中的制度，这些人是我们六千万国民必须要加强注意和警惕的人。……创建工厂委员会的目的是为了大家的进步与发展，通过互相谦让的精神不断向前迈上新台阶。这是为了大家的工厂，也是为了工厂里的大家"。

公司方面不断强调劳资一体的重要性，力求在一战后能够保持稳定的劳资关系。通过这次选举被推选出的委员们制定了委员制度规定，然后根据规定举行了工厂委员会委员的选举活动。

所以,从1921年9月开始,久保田铁工所也开始实施了工厂委员会制度。后来,尼崎工厂的所有职工都加入了总同盟尼崎联合会,并设置了久保田支部。

虽然在尼崎工厂设置了工厂委员会,但是还是在1923年发生了工潮。这个时期,从关西铁工转移到久保田铁工所的小田原大造[12]作为代理厂长,站在了众矢之前。他回忆当时的情况说,"以不因本次工潮为由解雇任何人为先决条件,进行了较为彻底的谈话。与工人约定如果提高工作效率就提高工资,结果工人们执行得非常好,一切进展顺利,尼崎工厂反而因此变成了提高效率的工厂。为此获得了久保田铁工所各位元老的大力赞赏"[13]。

日本内务省社会局劳动部的资料显示,1923—1926年仍旧是过渡期,劳资之间的交涉并不顺利。1926年11月,由于业绩不佳,经营者公布了工资下调10%的消息。工厂方面的工务主任小田原大造和工人代表支部部长牧野治郎右卫门进行了谈判,其结果是"淘汰老朽且不称职职工(对于解雇员工除按规定支付解雇津贴还支付一定的慰问金),将其工资作为在职工人的工资补贴,如此可顺利解决此事"[14]。

尼崎工厂在1929年(昭和四年)6月也曾发生过劳资纠纷。

当时该工厂有810名工人,所有人都参加了这次工潮。由于业绩低迷,不得不关闭第二工厂,48名工人面临着调岗或者被解雇的局面。对此,领导们虽然同意调岗方案,但是为了能让缺勤较多且缺乏工作热情的15名工人辞职,厂长首先劝说其中9人提出辞职。通过五天的谈判,工厂最后妥协,向被解雇的8个人支付1258.6日元(最高306.9日元,最低78.1日元)的补偿款[15]。

另外,在1929年8月,恩加岛工厂(有216名工人)也发生了工潮。厂方由于业绩低迷,所以公布消息称要降低计件工资单价的25%,于是工会介入这次纷争。但是考虑到存在竞争关系的栗本铁工所,所以企业经营者提议将包件单价降低10%,解雇22名工人,解雇对象参考工会意见,对日工资低于2日元的人,加薪7—10钱,赠予工潮团体100日元,就此工潮得以解决[16]。

如上所述,即使工厂委员会制度实施以后,久保田铁工所也会间接性地爆发工潮,劳资关系真正进入到稳定期是1930年以后的事。

20世纪20年代后半期的《员工规章制度》

1926年的《员工规章制度》中规定,员工分为正式职工、见习生、临时工三种[17]。这个时期采用的是八小时工作制，上午7点半开始工作，下午4点下班，从12点开始，有30分钟的午休时间，下午4点以后算作加班，加班费以小时为单位按照一定的比例递增。但是"此项规定不适用于包件工作"，在久保田铁工所按件计费为主要工资形式。

"员工规章制度"中的"员工须知"规定下述各项为日常工作须知的重要内容："一、不违反上司指挥或驳斥上司命令；二、不擅自缺勤；三、不在工厂内制作私人物品；四、不在工厂内饮酒；五、上工与下工时保持肃静，不拥挤；六、注意用火，最后离厂者一定要十分注意收拾好火；七、工作时间不吸烟，休息时间不在木材仓库及其附近吸烟；八、注意车床的传动皮带、齿轮以及起重机底座等处，不要受伤；九、不乱写乱画；十、不随意大小便；十一、夏季格外注意卫生,不喝生水；十二、摘挂出勤牌不委托他人，也不受他人委托；十三、不经允许，不私带个人物品进厂；十四、不在工厂内大声喧哗、吵闹或有其他粗暴行为；十五、不擅自在厂内集会，或强行煽动他人。"

三菱神户造船厂的规定比久保田铁工所更加严厉，从第一条"一、违反上司命令或不顾上司命令任意工作，或者隐藏工作过失"开始，就作为惩戒的对象，一共颁布了30条规定。

如果发生规定中的情况,将会"提出批评或者扣减一小时至三天的工资,事态严重者停职、降级,或者立刻开除"[18]。

产品多元化尝试(一):船舶机械、机床生产业务萧条

1920年经济危机后,日本经济进入新局面。久保田铁工所三大部门中最受打击的是机械部门,特别是船舶机械和机床业务极度萧条。几乎没有来自造船所的订单,1921年年底停止生产船舶机械。

1921年,在大阪召开的农商务省主办的机床展览会上,久保田铁工所参展的三种机型(八尺龙门刨床、平面铣床、十尺车床)全部获奖。八尺龙门刨床是"基于美国'辛辛那提'龙门刨床制造公司的构造,加上多年的实验及科学研究设计制作出来的产品",平面铣床是"基于美国'密尔沃基'制造公司产品的构造,加上多年的实验及研究制作出来的产品",十尺车床是"根据欧美著名机床生产公司的产品,考察其各自优点,加上该所多年实验及科学研究制作而成的产品"[19]。虽然是后来者,但是作为机床的生产厂家,久保田铁工所的技术能力提升非常快。

不过,对久保田铁工所获奖的八尺龙门刨床的审核状况是,"持久力和精准度不足以称之为高级品,但较为实用"[20],所以

并没有成为代表性产品。久保田铁工所在1917年、1918年两年为吴海军工厂炮筒部共生产了45台机床,但是从1919年以后就再没有订单[21]。号称五大工厂的机床厂家(池贝、大隈、唐津、新潟四家铁工所和东京瓦斯电气工业),勉勉强强与日益缩减的军需生产联系在一起,但是久保田铁工所机床并没有从陆军或海军的工厂那里获得同等信任。

如前述表2所示,在大阪的机床生产厂家中,除去将机床作为副业的火车制造和大阪铁工所两家公司,20世纪20年代末期继续生产机床的只有平尾铁工所。久保田铁工所于20年代中期开始停止生产机床,若山、安田、城东、作山等厂家倒闭。

产品多元化尝试(二):汽车产业的参与与退出

1919年(大正八年)12月,实用汽车制造股份公司(资本金100万日元)成立。在这之前的一年,美国技术员威廉·R.高哈姆访日,制造出了小型三轮汽车,得知此事的大阪炮兵工厂水野保太郎跑到权四郎的女婿久保田笃次郎那里,劝说让他创建企业。虽然当时权四郎对于开拓新事业有所犹豫,但是女婿笃次郎的一番热情加上大阪有实力的财政界人士津田胜五郎、山本藤助、柴川荣助等人的支持,最后还是决定参与汽车制造业。

权四郎出任实用汽车制造股份公司的社长，用 10 万日元购买了高哈姆式三轮汽车的制造权，高哈姆本人也以每月 1000 日元的高薪被纳入公司旗下。工厂利用的是久保田铁工所总公司工厂的一部分，从 1920 年 11 月开始在市面进行销售。在东京地区负责销售的是梁濑自动车公司，在大阪地区是由久保田铁工所负责销售。同年年底，在南恩加岛町填海造田两千余坪建设三栋新工厂。高哈姆在试产之前招聘了美国的技术人员和新工厂的建筑工程师。1920 年，新工厂的阵容有设备机床 92 台（其中大多数是笃次郎与权四郎在前一年赴美采购回来的设备），文职 25 人，工人 125 人。由于缺乏生产汽车的熟练工人，所以又从大阪炮兵工厂和造船所等处招聘了 13 名技术工人。

由于三轮汽车容易侧翻，所以在 1921 年 11 月的时候，将前面的车轮改造成了两轮，这样就变成了四轮汽车[22]。

权四郎对笃次郎非常严厉地说道："你在做的实用汽车净是赤字，赶紧去把烂摊子收拾了！"笃次郎于 1921 年 7 月开始重整经营又继续向前迈进[23]。可是高哈姆式三轮、四轮汽车的生产规模截止到第二年是 250 台，后来生产的"利来号"汽车在 1923 年、1924 年两年的产量是 250 台[24]。利来号的价格为 1755 日元，与进口的福特、雪铁龙 2400 日元的价格相比，让人感觉价格偏高,这是不可否认的事实。实用汽车的生产制造之路面临严峻的考验。

1924年权四郎向日本内务省提出请求,说道:"在过去的四年时间里,我们花费了数十万日元用于研究纯国产且符合我国国民状况以及我国狭窄道路的小型汽车,并研制出令人满意的利来号小型汽车","我们的工厂设施完善,所以我觉得可以应对一些突发状况。迄今为止我们将盈利置之度外,致力于此等国家事业","但是长此以往,经营困难,希望国家能够将实用小型汽车与摩托车同等对待,驾照可以使用简单的乙类驾照,免除道路通行限制"[25]。

权四郎和笃次郎非常努力,但是实用汽车的生产经营状况并没有好转。高哈姆也在1921年的夏天,受鲇川义介的邀请,调换到户畑铸物工作,并致力于生产渔业专用的农工小型石油发动机。与此同时,东京也有一家公司仍旧苦苦战斗在国产汽车的阵地上,这家公司叫做快进社股份有限公司(由桥本增治郎创办)。

1922年,这家公司开始生产军用运输车,但公司业绩仍未见好转,1925年,曾解散过一次,后来又经过重组,公司名改为"合资会社ＤＡＴ汽车商会"(ＤＡＴ分别是在快进社创办初期提供资金支持的田健治郎 [D]、青山禄郎 [A]、竹内明太

郎 [T]）三人姓名的拉丁字母拼写的首字母）。

权四郎的实用汽车制造公司将DAT汽车商会以收购的形式，于1926年（大正十五年）12月设立了DAT汽车制造股份有限公司（资本金405.5万日元）。权四郎为社长，笃次郎为专务董事。由于货物运输车符合军用汽车补助条例，所以DAT大力生产货物运输车，1927—1930年的货物运输车产量上升到362台。1930年10月DAT开始尝试生产四缸水冷500cc的小型汽车，1931年将其命名为DATSON（DAT之子）开始销售。

这个时期，对于汽车产业的将来抱有希望的鲇川义介向权四郎提出想要投资，为此1931年6月，DAT的资本金增加到了100万日元，并且将户畑铸物的专务董事村上正辅调到DAT做董事，将久保田公司权四郎的长子静一调到户畑铸物做董事。但是权四郎并不认为汽车制造业会有转机，他于同年8月将所持股份全部转让给户畑铸物，从此离开了他奋斗十多年的汽车产业。

DAT被纳入户畑铸物以后，因为之前销售的DATSON中的SON的发音与"损"相似，寓意不好，所以在1932年将SON改为SUN(太阳)，变成DATSUN。紧接着在第二年3月，DAT与石川岛汽车制作所合并成立"汽车工业公司"（资本金

高哈姆式三轮汽车

DATSON 结构明细

320万日元,是第二次世界大战后五十铃公司的前身)。

DATSUN的制造权曾经属于汽车工业公司,户畑铸物将以前的DAT汽车制造公司的大阪工厂收购以后,将其作为自己在大阪的工厂,DATSUN的制造权就被无偿移交给了户畑铸物。后来,在1933年12月,户畑铸物与日本产业公司共同出资设立了汽车制造股份有限公司(资本金1000万日元)。该公司于第二年6月改名为日产汽车。

浅原源七和笃次郎受鲇川之命赴美采购日产汽车的机器设备,笃次郎就任日产汽车的常务董事[26]。

产品多元化尝试(三):农业机械和工业用石油发动机

第一次世界大战期间,日本也开始在农业生产上利用石油发动机作为动力,进行脱谷、脱壳、抽水等作业。久保田铁工所也从1922年(大正十一年)开始生产农业和工业专用的石油发动机。据笃次郎说,"在1921年时,我曾经向父亲建议不要再生产机床了。父亲说那我们生产什么?我说我们可以生产农用发动机。可父亲立即说农民能用多少机器设备?把我狠狠地教训了一顿"。[27]

后来,代理进口喷气发动机的杉山商店,因为推销酉岛制作所生产的水泵而试探性地咨询了久保田铁工所。此时的久保田铁工所机械部门因为受到巨大打击，正在摸索如何重整旗鼓。久保田铁工所因为这次咨询受到了触动，于是开始生产农用石油发动机。在丸中新一等工程师的努力下，久保田铁工所终于从1923年4月开始，通过杉山商店销售A型3马力的农用石油发动机。

20世纪20年代中期的状况是，"近几年农用小型发动机国产品质大幅提升，市场中不乏质量高且价格低于进口产品的发动机。我们大力宣传国产产品的优点，与之抗衡，可购买者仍旧偏爱进口产品，进口商品市场行情较为乐观"。[28]虽然如此，但是久保田铁工所生产的石油发动机作为灌溉水泵和脱壳机的动力装备，销售情况非常好，而且从1925年开始还增加了5马力、7.5马力和10马力的机型。

久保田铁工所继而在1927年（昭和二年）利用德国博世公司生产的磁发电机和火花塞成功开发了3至5马力的渔船专用发动机，自此打开了渔业市场。

当时，石油发动机的主要生产厂家有门田铁工所、户畑铸物、池贝铁工所、山冈发动机工作所、新潟铁工所等。在1926年（大正十五年）9月召开的日本农林省主办的农业专用小型发动机对比评审会上，参加评审的国内外产品共有76台（国产42台，外国产34台）。如表6所示，其中被认定为"优

农用石油发动机

良"产品的有19台(国产13台,外国产6台),而"久保田石油发动机"便是这19台优良机器中的一台[29]。

这次评审共分三个阶段:第一阶段是概括性评审,基准是参加评审的发动机是否适用于农业;第二阶段是从第一次评审合格的产品中选取"优良"产品;第三阶段是对参加评审的发动机的生产工厂的设备情况进行最终评审。

虽然被认定为"优良"的产品一共有19台,但是"最近在农业动力这一方面,小型发动机如雨后春笋般出现在市面上,加上国外的大量进口机器,市场竞争非常激烈,硝烟弥漫。所以不分等级，全部称之为'优良产品'正是评审员的苦心所在，本次评审仍是最具有权威性的评审"。[30] 所以说，向需求者指明哪种产品是适合使用的产品，才是本次评审的真正目的。

表6 优良发动机一览表

发动机名称	马力	价格（日元）	参评单位
久保田石油发动机	3.5	430	久保田铁工所（大阪市）
久保田石油发动机	2.5	325	久保田铁工所（大阪市）
门田石油发动机	4.5	500	门田铁工所（东京府）
门田石油发动机	2.5	380	门田铁工所（东京府）
户畑农工用石油发动机	4	480	户畑铸物股份有限公司（户畑市）
户畑农工用石油发动机	2	330	户畑铸物股份有限公司（户畑市）
国际石油发动机	3	494	泰明商会合资公司（东京市）
国际石油发动机	1.5	332.5	泰明商会合资公司（东京市）
洋马石油发动机	3.5	450	山冈发动机工作所（大阪市）
池贝式H型农工业石油发动机	3	450	池贝铁工所股份有限公司（东京市）
奥托小型石油发动机	4.5	700	明神商店（东京市）
马场式石油发动机	2	300	马场常二（冈山市）
超级柴油小型发动机	2	340	发动机制造股份有限公司（大阪市）
TOKIWA石油发动机	2.5	350	双益商会（大阪市）
W型小型石油发动机	3.5	380	渡边铁工所股份有限公司（福冈县）
渡边式小型石油发动机	3	420	渡边发动机制造股份有限公司（东京市）
Z石油发动机	3	550	赛尔·弗雷泽股份有限公司（东京市）
威特石油发动机	3	500	和田严（神户市）
阿尔法石油发动机	2.5	440	日美动力农具股份有限公司（东京府）

［出处］农林省农务局[1926]，《优良农用器械相关调查》（同局）1—3页。

1926年片冈帝一信心十足地称久保田发动机"优于外国产品,符合我国国情",久保田之所以能够生产出高品质的产品,主要是因为"拥有铸造业多年以来的研究与经验,以及完善的设施和优秀的技术",并且还强调"在生产模式上,根据大量生产法,采用限规制度(limit gauge system),测量仪和夹具等各种精密仪器相互配合,确保各部分零件原有的兼容性,关键部分采用精磨方法制成"。

但是,片冈说"在国内外19台获得优良评价的产品中,久保田荣获第一"[31],其实这是错误的。前面我们已经讲过,这次评审"不分等级,全部称之为'优良产品'"的做法是评审的重点,虽然久保田发动机确实是在19台参评产品记录表的第一位,但是这里的第一位并不意味着久保田取得了第一的名次。

此外,片冈还指出兼容生产的意义,正如他所讲的那样,之前积累的汽车生产技术是支持久保田高性能石油发动机的开发与生产的重要条件[32]。在进行汽车制造的南恩加岛工厂里,拥有顶端的铸造技术。久保田铁工所将这个工厂作为需要特殊铸铁材料的汽缸套以及汽缸盖等重要零件的承包工厂,进行有效利用。对于久保田铁工所来说,是受挫的汽车生产经验支撑了后来的石油发动机的生产业务。

此外,久保田根据限规制度进行兼容生产,从实施效果来看,该公司是具备零件量产的经验的。继A型发动机开发成功以后,在接下来开发B型发动机时,船出町工厂、第一工厂厂长片冈帝一还亲自来到农田试验场地,参与试验机的改良与改进工作。

经过农田实验场地工程师的努力,开发出来的B型发动机评价高于之前的A型发动机。这对于久保田品牌的建立,做出了极大的贡献。20世纪20年代后半期,"在发动机里面,只有海陆小型石油发动机销售状况保持良好,生产厂家需要进行提前生产,准备库存"。[33]小型发动机在当时的机械类产品中,与织布机等机器一样,产量较低,如何构建量产体制是个非常大的课题。

实用汽车制造公司虽然没有实现汽车的量产机制,但是当时积累的经验对小型发动机的生产具有重要意义。

久保田发动机产量在1923年是200—300台,到1925年时为2000多台,1927年(昭和二年)时,急剧增长到接近8000台[34]。记录显示,发动机产值在1928年接近237万日元,但是由于昭和经济危机的蔓延,1933年以发动机为主的久保田铁工所机械部的销售额只有69万日元。销售额下降不仅是因为受到了经济危机的影响,还有一部分原因是市场中开始出现中小企业的低价产品,打破了以往的市场局面。

1931年,久保田铁工所生产的石油发动机2.5马力的是240日元,3.5马力的是290日元[35]。这与表6中的1926年(大正十五年)的价格相比,2.5马力的价格降低了26%,3.5马力的降低了33%。在经济不景气的大背景下,其他公司的产品也同样降低了价格,因此,鲇川义介倡导三大厂商(久保田铁工所、户畑铸物、山冈发动机工作所)应该合并。

但是对于鲇川的想法,不仅是冈山地区的中小工厂拒绝参加,连山冈发动机工作所的社长山冈孙吉也对合并计划持消极态度,最终这个构想化为泡影。

户畑铸物决定要从小型石油发动机产业中撤退出来,于是向山冈公司提出是否可以接收转让的请求。"山冈社长说像我们这种地方上的小工厂,哪有接受户畑发动机业务的资金实力啊,委婉地拒绝了我们。所以鲇川有了思想准备,估计会转让给竞争对手久保田权四郎。那时,关于户畑铸物是否应该把石油发动机转让给久保田铁工所一事,公司里连续开了三天的会进行讨论。"[36]后来的决定是,将"户畑"牌发动机的销售权和生产权全部转让给久保田铁工所。

"久保田"牌石油发动机的全国总代理是大阪的杉山商店,

而"户畑"牌发动机一直都是由三菱商事代理经营的[37]。对于位于大阪的久保田铁工所来说，此举增加了关东地区以北的70家三菱商事旗下的特约店，意义深远。这么一来，久保田铁工所的供货能力和销售能力一举得到了提升。1934年（昭和九年）10月，杉山商店的分店、办事处、销售店在全国超过了500家，形成了强大的销售网络[38]。

三菱商事经营的户畑牌发动机的销售额从1933年的55万日元急剧增长到1938年的160万日元[39]。在出口方面，户畑发动机由三菱商事代理，久保田发动机由三井物产代理。另外，与收购同时，户畑铸物的内燃机部部长齐藤一郎及其下属技术员和员工一共30多人，也一起被纳入久保田铁工所旗下，因此久保田铁工所的技术能力变得更加强大。

进入20世纪30年代以后，开始将发动机和作业设备配套出售。发动机的全国总代理选择配套设备，然后批发给各个府县的特约店。著名的案例是"井关的脱壳机，久保田的发动机"组合，是将井关农机公司的全自动脱壳机和久保田的发动机进行配套销售。

产品多元化尝试（四）：铸造作业的技术革新

久保田铁工所的机械生产产品发生了巨大变化，堪称主业的铸铁管的生产量如图1所示，进入到20世纪20年代，开始有业务扩大的倾向，1923年（大正十二年）超过了第一次世界大战前的高峰值40000吨，并且在继续扩大。

被自来水管道铺设工程带动的铸铁管生产业务，能够抵抗经济不景气的负面影响，可是在第一次世界大战期间经济景气的背景下，久保田铁工所因高价原料和缩减的市场需求而烦恼不已。在这种情况下，权四郎在指导尚不成熟的技术员的同时，还努力改良了原本低效的铸铁管砂芯和外模的成型作业。

1923年，久保田铁工所开发了机械制造砂芯的自动制芯机，生产速度是手工作业的10—15倍。第二年，又开发出能够利用机器完成厚度均匀的外形造型设备，叫做自动造型机。这两种高性能设备都可以与旋转式铸造设备联动，实现了铸铁管生产作业质的飞跃。有计划开展铸铁管业务的公司，甚至因为久保田铁工所开发了这两种机器而放弃了此项业务。这两种机器均获得了专利。

根据《久保田铁工所股份创业50周年纪念庆志·满洲久保田铸铁管股份有限公司创立五周年纪念志》记载，"在'久保田社长取得的发明专利'一项中，从'旋转式铸铁管铸造装置'（1908年7月9日获得专利）到'铁管接合专用耐酸材料或配料'（1938年12月16日获得专利）一共有70项专利"[40]。

其中，"离心力铸造机的改良"（1934年10月16日获得专利）的发明者和专利所有权都是美国人，"分叉管安装方法"（1938年8月15日获得专利）的发明者和专利所有权归属者都是川端俊吾（1924年九州帝国大学工学部冶金学科毕业，先就职于奥村电机商会，1929年进入久保田铁工所）[41]。还有6项专利发明者不是权四郎，但是专利所有权归属者是权四郎。剩余的62项发明的发明者、专利所有权归属者都是权四郎。

上述发明者不是权四郎的6项发明具体如下：（一）脱壳机（1926年9月7日获得专利，发明者是田中治郎和喜多喜房[福冈市]），（二）铸铁管芯土去除装置（1928年12月7日获得专利，发明者是片冈帝一），（三）铸铁管铸造专用外模干燥装置（1929年3月2日获得专利，发明者是片冈帝一），（四）内燃机（1929年12月2日获得专利，发明者是金丸喜一），（五）铸铁落砂机械（1934年2月16日获得专利，发明者是片冈帝一），（六）铸造机械（1934年10月26日获得专利，发明者是片冈帝一）[42]。

也就是说，除去从国内外购买的两项技术，在久保田公司内部的发明者，除了权四郎，只有片冈帝一、金丸喜一和川端俊吾三人。权四郎在昭和时期仍然对技术革新有一定的兴趣是事实，但是具体参与到开发项目的哪个阶段目前尚不清楚。

另外，久保田铁工所从1919年开始研究铁管的金属模具铸造方法。聘用了德国铸造技术员斯托普萨克，与恩加岛工厂的铸造工程师村上谦三进行共同研究。斯托普萨克曾在第一次世界大战期间在青岛成为俘虏，战争结束后居住在大阪。

斯托普萨克离职后，村上谦三为了造出使用寿命较长的金属模具，致力于铸件材质的研究。实验的最终结果发现了高碳与中硅的铁素体铸铁具有非常好的耐高温和抗撞击性。1922年利用耐高温铸铁制造出的省煤器被商品化，1927年（昭和二年），根据客户要求，还制造出了自动给炭机。

久保田铁工所生产的"散布式自动给炭机"的三大特征是："材料——以特殊耐高温铸件为主要材料，耐用性是普通商品的三倍以上；结构——采用管状炉膛的特殊装置，能够自动地将煤渣输送到灰坑，不需要运渣炉；燃烧——通过自动强压通风装置，煤炭可以完全燃烧，所以可以防止煤烟并大量节省燃料"[43]。这里也采用了特殊耐高温铸物，充分地显示出"铸物久保田"的优越性。

1928年，在铸铁管厂商中间发生了一件大事。由于九州的八幡市自来水计划发生变化，市内使用的水管从铸铁管改为钢管。以这件事为契机，在各个市开展了铸铁管和钢管之间的对比研究。在价格方面，钢管是铸铁管强而有力的竞争产品。

特别是在欧洲具有实际成果的德国产无缝钢管,以超低价格进入日本市场,与日本国产铸铁管之间展开了激烈的抢单大战。

例如,名古屋市1930年的自来水扩张项目中,德国的Krupp公司、曼内斯曼公司、久保田铁工所和栗本铁工所四家公司进行竞标,两家国产公司的铸铁管是115万日元,而德国的钢管加上铺设费用还比国产商品便宜40万日元,所以德国的两家公司最终中标。

可是,商工省和内务省出于支持国产的角度,希望名古屋市能够重新考虑这件事,最终采用了国产铸铁管。但是对于这项措施,有人批判"以支持国产为名压迫地方政府,不管怎么说都不是正确的做法。如果政府这种毫无远见的行为普遍化,其结果是会间接性地增加产业负担,阻碍产业发展。不仅如此,其他各国还有可能会产生报复行为"。[44]

面对这种状况,久保田铁工所开始研究熔解原料的配比、改良焦炭和化铁炉等。1929年年底,预计可以采用高抗张强度的铸铁来制造铸铁管。

久保田铁工所曾自豪地讲过:"多年研究终见成效,铁管、材质以及方法焕然一新,昭和五年(1930年)成功制成高级铸铁管。"[45] 田中勘七负责开发的这种铸铁管刚开始叫做高强度铸铁管或者强力管,不过最终还是命名为高级铸铁管。

散布式自动给炭机

久保田铁工所1930年向自来水的上水协议会提出申请,要求更改规格。1933年高级铸铁管的规格得到指定。同年,田中勘七指出:"目前国内一年铸铁管的需求大约有10万吨,如果使用高级铸铁管代替普通铸铁管的话,不仅可以使用到优质的铁管,如果用铁重量减少的比例是20%,一年可以节省20000吨的铣铁。"[46]

1931年5月曾报道:"一两年前,美国、德国、法国等国家的钢管流入我国,品质坚固且如果大宗购买价格比铸铁管要低廉，我国铸铁管有逐渐被压倒的趋势。为此，铸铁管制造商中的栗本铁工所（大阪）、久保田铁工所（大阪）、隅田川精铁所（东京）从去年开始摸索开发高级铸铁管来代替钢管，最终研发出牵引力、耐高温性及抗冲击性是以往产品二倍的商品。勉强可以抵抗进口产品。"[47] 此后，高级铸铁管的品质不断提高，久保田铁工所获得了钢管抵抗战的胜利。

产品多元化尝试（五）：收购隅田川精铁所与成立管友会

作为扩大铁管业务工作的一环，1927年（昭和二年）2月，久保田铁工所收购了隅田川精铁所股份有限公司（资本金50万日元）。如图1所示，当时铸铁管业务在不断扩大，已经成为久保田铁工所的支柱产业。据统计，在收购隅田川精铁所之前，铸铁管的全国比例占比：久保田铁工所42%，栗本铁工所27%，隅田川精铁所16%，釜石矿山15%[48]。久保田铁工所通过收购隅田川精铁所，确保了它在铸铁管市场上的绝对优势。

为了确保关东地区的生产点，须山令三经理对于收购已经陷入经营困境的隅田川精铁所的相关工作，态度非常积极，最终以85万日元五年分期付款的价格成交。

回想收购时的情况，须山令三说："在收购隅田川工厂时，说好是90万日元收购，但是在谈合同的时候，我们去了他们公

隅田川精铁所外观

司,看到绩效单,然后老板说让他们再便宜50000日元。……都到了这一步才说便宜50000或者10万,我就有点郁闷,结果老板面露不悦,训斥我说:'怎么了?'我什么都没说走开。"

后来须山令三又去找老板说明情况,获得了权四郎的谅解。须山说"我觉得那个时候去道歉的我,真的很有勇气"。[49]

隅田川精铁所在资本方面百分百被纳入到久保田铁工所的旗下,但是基于经营方面考虑,保留了投标报价的权利。为了避免久保田铁工所吸走此项业务,隅田川又另设了一家公司,存留了下来。隅田川的600名工作人员,直接进入久保田工作。从久保田铁工所派去了四个人,分别是久保田藤造(权四郎的次子[50])、小田原大造、木村利龟太三个董事和负责会计的牛尾荣次。负责重整旗鼓的直接指挥者是小田原常务董事。

小田原本不是冶金的专家,但是曾在尼崎工作的十年时间里"掌握了一身的本领,简直可以去当领班了"[51]。小田原"早上很早就会召集领班,让他们亲自用手去握砂子(型砂——引用者注),将砂子握成块,并教给他们配比的方法。而且还教他们如何判断从熔解炉中取出熔铣的适宜温度,说明碳、磷、硫等元素对'熔铣流动状况'的影响,教给他们原料的配比方法。每天都在现场起早贪黑地进行技术指导"。

另外,"如果大量生产铸铁管等产品,工资一般按照每根多少钱来计算,实行承包制",而隅田川精铁所采取的工资计算形式一般是按天计算。

小田原了解到隅田川之前采取的也是承包制来计算工钱,但是每当效率提高时经营者就下调承包单价,为此工会非常生气,工资就变成了按天计算的形式。

小田原虽然解释,如果采取承包制的话,既是为了公司好也是为了大家个人好,可是大家并不理解这件事。于是小田原去银行取出银币,在下班的时候计算工人的承包业绩,并加以说明"你们组今天承包的件数提升了,所以在每天正常的工资之外,又格外加了这些工钱",然后让工人拿着当天的利润回家。由于每天工作的成果会反映在银币的数量上,工人的效率提升了,残次品也减少了。

收购隅田川三年以后,隅田川精铁所的生产效率大幅提升。当时被称为行业第一的尼崎工厂,一台旋转铸造机的日产量是180根铸铁管,而隅田川精铁所甚至可以生产到250根。隅田川在效益方面也成了久保田铁工所各工厂的典范。

小田原大造解决了尼崎工厂的工人问题,又让隅田川精铁所变身为优良工厂,因此,权四郎对他给予了高度评价。后期"平时不称赞人的久保田权四郎对他赞赏道,'我们家的小田原,那是取得了经营管理方面的真传'"[52]。

在生产厂家有限、组织有序的铸铁管行业中,1928年11月由久保田铁工所、栗本铁工所、釜石矿山(1924年将经营权转让给了三井矿山)、隅田川精铁所四大厂商结成了管友会。会费按产量计算,每吨交20钱,事务所位于住友银行道顿堀支店大楼的四楼。

在管友会可以进行实际生产任务的分配、借调产品数量的调整等工作。但是釜山矿山没有12英寸以上的大管铸造设备,所以,实际上在管友会中主要是久保田和栗本之间的协调工作。

当然，这个时期既没有反垄断法也没有公正交易委员会，不仅是铸管业，其他行业的企业联盟也进入到了全盛时期[53]。相反，政府在这个时期还支持企业联盟的"自我管制"倾向，在1931年4月颁布了《重要产业管理办法》，办法里面包括了"企业联盟强制规定"和"公益规定"。"企业联盟强制规定"可以命令没有参与到联盟中的外部企业必须遵循联盟协议。而"公益规定"指的是，当联盟企业违反公益的情况下，政府有权命令其进行更改或者让其取消活动。

1930年7月，较为先进的铸铁管销售合资公司成立，职员直接从管友会平移到该公司，管友会就此退出历史舞台。由于设立了铸铁管销售公司，釜石矿山决定停止生产铸铁管，作为回报，久保田铁工所、栗本铁工所、隅田川精铁所三家公司使用的一部分铣铁原料要从釜石矿山购买。

针对这一约定，铣铁联合组织的理事会颇有异议，最终在1930年年底决定，上述三家公司从釜石矿山购买的铣铁原料中，有30%按照釜石公司自家使用的原材料来处理[54]。另外，有关釜石铸铁管工厂的设备减价赔偿一事，由久保田和栗本按照铣铁销售量来决定分摊的数额[55]。

铸铁管销售合资公司在第二年更名为日本铸铁管合资公司，本店位于大阪市西区的铁钢会馆里。日本铸铁管公司设立的背景是"由于钢材降价,进口管品价格降低,影响到国内管品市场。前景不容乐观,……急需确立联合销售体系"。[56]这是三家公司联合抵抗进口钢管,加强团结的结果。

大阪市水道部给水科对日本铸铁管公司的企业联合组织的作用进行了说明:"我们决定使之(日本铸铁管公司——引用者注)独家销售全部产品,因此现在自来水铁管几乎近于垄断产业,所以大阪市的自来水管道主要是从久保田和栗本两家铁工所进货。"[57]

当然,日本铸铁管公司并没有垄断所有的铸铁管产品,瓦斯管、一部分的自来水铁管、电缆管等产品仍旧是自由竞争的产品[58]。日本铸铁管公司后来几经更换名称,在1944年8月更名为日本铸铁管管理股份有限公司。

产品多元化尝试(六):开展台秤铸件的生产业务

权四郎在创办企业当初曾做过台秤铸件,后来转移到铁管和机械生产业务上,所以就停止生产台秤铸件。而由于国家在1921年(大正十年)4月出台了新的度量衡办法,统一成"米"制。此办法从1924年7月开始实施,重量单位也由"贯"改为"千克",所以需要新的台秤。

久保田铁工所关注到这个商机，虽然对铸造秤具零件非常有自信，但是由于没有生产经验，所以聘请了专业的设计师和师傅开始试做。并在1924年8月获得秤具生产许可，在南区北高岸町的总公司工厂开始生产台秤和托盘台秤。

此后，权四郎在黑尾制钢时期的师兄弟，也是他的好友佐川繁藏所经营的合资公司佐川制秤所想转让。佐川亲自找到权四郎询问他是否有意收购他的工厂，于是权四郎接手了这家工厂及40名员工，于1925年将这个工厂命名为市冈工厂，并在久保田公司总部设立秤具部。

久保田铁工所收到中央度量衡检定所的请求，于1924年年底完成了秤具标准零件的制作。从1926年2月开始，久保田铁工所获得了秤具零件销售许可，开始向全国的秤具厂家提供零件。久保田铁工所的产品在市场上的比例占一半以上。从1927年久保田铁工所开始销售米制改革后的标准秤具，包括九种台秤和五种托盘台秤。

由于标准秤具以及零件的需求越发旺盛，久保田铁工所1928年在船出町工厂（1926年改名为总公司工厂）内增设了秤具工厂，并将原先的市冈工厂改为专门铸造排水管和异型管的铸件工厂。

进军海外市场

1929年（昭和四年）久保田铁工所接受了来自荷兰领属东印度泗水市800吨铁管的订单。权四郎认为久保田铁工所在技术上已经可以与欧美产品相抗衡，于是从这个时期就开始考虑将铁管和石油发动机出口东南亚的事情。第二年，为了开拓海外市场，久保田铁工所将总经理木村利龟太和负责发动机的朝仓乘之辅派往东南亚各国。

由于东南亚各地的农业机械化进程较慢，发动机的销售前景并不太好。铁管方面由于参加了泗水市的自来水工程的竞标，并得到荷兰的林带太维斯·斯托克维斯商社的协助，最终获得10000吨铁管的大宗订单。

虽然荷兰铁工咨询所所长兼泗水市自来水部门的顾问，赛·海科特的检查极其严苛，但是这10000吨铸铁管还是在1931年12月比预期早半年完成交货。赛·海科特在回国的时候"大力称赞日本铁工所的技术，并说产品优于德国。在他回国以后，向多方介绍久保田，并声明要让荷兰今后使用的铁制品全部都要从日本购买[59]"。其后，虽然订单不大，但是以荷属东印度为主，从东南亚各国一直有购买铁管的订单。

1932年2月，三宅总领事在写给芳泽谦吉外务大臣的报告中指出，"昭和五年12月，在竞标时，三菱商事代理的'林带太维斯'的承包企业久保田铁工所的产品,与三井(三井物产——引用者注)代理的栗本铁工所的产品相互竞争,本官与姊齿领事进行斡旋,让三井退出",尽管如此,这次久保田铁工所在竞标的时候,从"林带太维斯"的经理那里得到消息,称三菱商事通过泗水支店又准备推销隅田川铁工所的产品。

三宅总领事认为"对于本次三菱的举动,我难以理解。同样是日本产品,相互竞争压价,这对日后日本商品的销售极为不利",三宅报告说,他劝告三菱商事的泗水支店,希望他们能够退出竞标,但是遭到了拒绝[60]。

也就是说,曾在国内合作过的久保田和栗本两家公司,在海外市场上,由三井物产和三菱商事代理展开了竞争。另外,在久保田铁工所竞标的时候,隅田川铁工所参与进来,这从两家公司以往的关系来看,难以想象。三菱商事与隅田川精铁所之间也许有什么特殊的关系。

在日本禁止出口金属政策结束之后以及日元贬值的背景下,久保田铁工所于1932年8月,从荷兰的鹿特丹·瓦斯公司那里获得了3000吨瓦斯专用铁管订单。第二年,又从格罗宁根市那里获得了2500吨的自来水铁管订单。

"昭和七年(1932年)1月,在禁止出口金属政策结束之后,一个偶然的机会,有个比利时商人来谈了一笔生意,荷兰本土的格罗宁根州政府需要1万吨铸铁管。所以我们通过三菱商事立即开始应对这件事,虽然我们拿出了底价,但是由于德国发生叛乱,所以很可惜我们最终没有获得成功。"而上述的荷兰订单正是在这之后,所以被评价为"我国重工业痛快之举"[61]。

久保田铁工所面向荷兰以及荷属东印度出口的铸铁管是按照德国的标准生产的。德国的标准比日本在管壁上要薄10%,而且形状和尺寸要求也极其严格[62]。久保田铁工所的铁管还出口到挪威、墨西哥、埃及等国家,但是20世纪30年代后半期由于国际关系恶化,不得不停止出口生意。虽然出口铁管在提高工厂的开工率方面有所贡献,但是出口产品的规格与国内不同而且价格低廉,所以在工厂收益方面的贡献比较小。

权四郎出国与相关活动

权四郎在1919年(大正八年)9月至11月期间,与笃次郎第一次出国,出差到加拿大和美国。其目的在前文也有讲过,是为实用汽车制造公司采购设备,以及购买多·莱宝式专利和了解美国的铸造工业。1916年利用新发明的多·莱宝式离心力金属模具铸造设备在伦敦进行了铁管试加工。权四郎亲自与多·莱宝见面并对离心力铸造设备进行确认,虽然权四郎提出"在日本特殊钢很贵,需要慎重考虑的看法"[63],但还是以25

在海外的权四郎（右）

万日元购买了此项专利。

1921年，久保田铁工所为了能够有效利用多·莱宝式设备，与栗本铁工所和津田胜商店共同创立专利铸铁管无限责任公司，1923年称得上是日本第一批用离心力铸造法生产的小口径铁管问世。但是由于热处理问题一直没有得到解决，所以并没有投入市场。

利用多·莱宝式离心力金属模具铸造设备生产铁管具有划时代的意义。但是，"熔化的铣铁径直流入金属铸模中，产生撞击，撞击之处的熔铣先从与铸模接触的部分开始冷却；而且利用多·莱宝方法的话，需要从铸模外侧进行水冷，所以与铸模接触的地方会最先冷却，结果产生表层硬化的现象"。由于会产生上述问题，所以必须要对铁管进行再加热，面临实际投产，这项专利还需要解决很多技术问题。最后，多·莱宝式离心力金属模具铸造专利只能压箱底了[64]。

权四郎第二次出国是1927年（昭和二年）6月至12月。他出差到英国、德国、瑞士、法国和美国一共五个国家，由田中勘七和小林义彦（1910年毕业于仙台高等工业学校机械专业[65]）两位工程师陪同[66]。

这次出国的目的是调查欧美各国先进的铸件和铁管的铸造技术，铸件方面从德国的兰茨公司购买了珠光体铸件的专利权，这项技术后来在开发高级铸铁管和发动机铸件的时候发挥了作用。

当时权四郎在曼海姆的郊外偶然遇见老友帝塚山学院的校长庄野贞一（儿童文学家庄野英二和小说家庄野润三的父亲）。当时的情况是"在无人的路边自来水铁管中，爬出来一位四肢着地的绅士。……'你在铁管里研究什么呢？''我刚才路过这里，看到了这根铁管，质量非常好，所以我不舍得就这么离开啊。'"二人之间有过这样一番对话。

权四郎当时是帝塚山学院的理事，据说他知道庄野先生当时在外游历，所以就约好在这里见面[67]。年近六十的权四郎还努力开发铁管，因此有很多逸事，而这件事是其中比较有名的一件。

权四郎曾担任很多职务，在这里我们说一下他曾经参与关税改革的事。1925年（大正十四年）8月，久保田权四郎、栗本勇之助、大阪特许铸铁管代表员工前岛孙七、永濑铁工所所主永濑庄吉、隅田川精铁所专务董事清冈荣之助，共五人联名上书提出"有关铣铁进口关税的陈情书"[68]。

在陈情书中，权四郎几人指出铸铁管的出厂价（每吨）是95日元，其成本构成如下：（一）铣铁费用61.34日元（铣铁54日元，熔解损耗占铣铁原价7%为3.78日元，组装占铣铁原价1.5%为0.81日元，冒口、充型及其他占铣铁原价2.1%为1.13日元，原料铣铁利息1.62日元）；（二）工费16.2日元；（三）耗材11.33日元；（四）工厂开销6.13日元。所以能够算出铣铁费用占工厂出厂价的65%。他们申述铣铁关税上涨将会带来多大影响，明确表明反对提高关税的态度。

1924年度的铣铁进口量是19.5154万吨，其中孟加拉铣铁有3.241万吨，尼泊尔铣铁5.8353万吨，塔塔铣铁7.4391万吨，汉阳铣3万吨，其中大部分用来制造铸铁管。

"从根本上讲，像铣铁一类的原材料，用来生产国民生活的必需品,应该尽可能降低税率,使之低于一般物价。基于国家经济问题考虑,其重要性是无须多言的。"这是铸铁管厂商的心声。所以权四郎站在了反对提高铣铁关税运动的最前列。

1926年铣铁关税上调一事搁浅,取而代之的是,制铣企业需要缴纳奖励金。后来针对钢铁关税上调一事,权四郎和栗本勇之助也立场一致。

1928年(昭和三年)1月12日,在财政部召开的"反对钢铁关税上调的说明会"上,首先由栗本发言,讲道"本次联合了所有实业团体及联合组织(以钢铁和木材相关企业为主),结成同盟会反对关税上调"[69]。其后在针对印度铣铁价格上涨时该如何应对一事上,权四郎回答道:"印度铣可造出优质产品,所以原料价格上涨与否,我们都需要使用这种原材料进行配合。"而且还强调了印度铣铁的重要性,"国内铣由于含硅量较高,含锰量较低,所以在生产使用时会产生各种问题"。

对于铣铁的年使用量一问,权四郎回答道:"每年都有增无减,我们公司和栗本公司两家就能使用14万—15万吨。国内铣和印度铣基本上是一半一半的比例。"进而权四郎还表明了大家的立场:"我们将来会由国内市场转向国际市场,我们有自信无论是品质还是价格都会胜于外国产品。因此对于这种提高原材料的做法倍感荒谬。"

1926年（大正十五年）铣铁关税上调一事虽然被搁浅，但是1932年（昭和七年）国家不顾权四郎等人的反对，提高了关税。新税率是每吨6日元。当时的进口铣铁平均价格大约是24日元，如此一来，关税再加上每吨4日元的奖励金，这一举措对于国内制铣企业的保护效果非常明显[70]。

注释：

1 久保田铁工所（1921），《久保田铁工所概要及简历》（同所）。
2 吉田宁"久保田铁工所工人状况"，大正十年12月。
3 大阪市政府社会部调查科编纂（1921），《劳动调查报告》第11辑（同科），31—32。
4 同上"久保田铁工所工人状况"。
5 "久保田铁工所出现怠工战术"，《大阪朝日新闻》，1919年9月22日（神户大学附属图书馆新闻记事文库）。
6 "各工厂相继开始实施'8小时工作制'与'9小时工作制'"，《大阪朝日新闻》，1919年10月2日（神户大学附属图书馆新闻记事文库）。
7 "员工提出淘汰冗员"，《大阪每日新闻》，1921年5月4日（神户大学附属图书馆新闻记事文库）。
8 "久保田铁工所职工对公司决定的委员制度愤慨之余提出要求书"，《大阪朝日新闻》，1921年7月8日（神户大学附属图书馆新闻记事文库）。
9 "工厂协议会规定"，收录于上述之"久保田铁工所工人状况"。

10 "久保田铁工所尼崎工厂设置工厂委员会",《大阪每日新闻》,1921年9月16日(神户大学附属图书馆新闻记事文库)。

11 "委员选举须知",收录于上述之"久保田铁工所工人状况"。

12 1911年(明治四十四年)毕业于尾道商业学校(久保田铁工所(1950),《社债发行说明书》,4)。

13 小田原大造(1962),"我的简历",《我的简历》第16集(日本经济新闻社),93。

14 收录于内务省社会局劳动部1928年12月发行的小册子《本国团体交涉及劳动协约的概况》,54。

15 《日本社会运动通信》,第58号(日本社会运动通讯社),第53页中所记载的新闻"久保田铁工所尼崎工厂工潮",发行于1929年7月8日。

16 同上,《日本社会运动通信》,第67号,第36—37页所记载的新闻"久保田铁工所恩加岛工厂工潮(大阪)",发行于1929年9月9日。

17 待遇研究会编纂(1927),《雇工待遇内部规章集》(同会),320—322。

18 同上,331—332。

19 平佐惟一编(1922),《机床展览会报告附录》(机床展览会赞助会),16—18。

20 同上,197。

21 泽井实(2013),《机床之梦——日本机床工业史》(名古屋大学出版会),54。

22 后藤敬义(1975),"DATSUN的量产与技术革新",社团法人汽车工业振兴会编,《日本汽车工业口述记录集》,汽车史料系列(二),74—75。

23 久保田笃次郎（1975），"从高哈姆式三轮车到DATSUN"，同上，《日本汽车工业口述记录集》，64。

24 吕寅满（2011），《日本汽车工业史——小型车与大众车的两条路》（东京大学出版会），191。

25 久保田权四郎"有关特别对待利来号小型汽车之请愿"，大正十三年（亚洲历史资料中心，Ref.A05032272200，国立公文书馆）。

26 同上，久保田笃次郎论文（1975），66—68；浅原源七（1975），"日产汽车史话"，同上，《日本汽车工业口述记录集》，105—106。

27 同上，久保田笃次郎论文（1975），64。

28 大阪府内务部工务科（1925），《鼓励国产相关调查》（同科），1。

29 农林省农务局（1926），《优良农用器具机械的相关调查》（同局），1。

30 《ENGINEERING》第14卷第2号（ENGINEERING社），第68页所记载的新闻"农林省对小型发动机的对比评审结果"，发行于1926年2月。

31 片冈帝一（1926），"小型久保田石油发动机"，同上，《ENGINEERING》第14卷第3号，92—93。

32 冈部桂史（2003），"战争期间农业机械工业的发展"，《经营史学》，第38卷第1号（经营史学会），28—29。

33 大阪府内务部编（1927），《大阪府主要工业概况》（同部），62。

34 同上，冈部论文（2003），29—30。

35 大日本农会编（1934），《优良农用器具机械的相关调查》（同会），14。

36 日本汽车工业振兴会编（1973），"日本汽车工业史座谈会记录集"，汽车史料系列（一），第57—58所收录的"第三次座谈会闲话汽车工业"中浅原源七的发言。

37 同上，冈部论文（2003），30、43。

38 "户畑发动机特约店",《日刊工业新闻》,1934年10月10日。

39 冈部桂史(2010),"久保田铁工所与三菱商事——以20世纪30年代为中心",《名城大学综合研究所纪要》,第15号(名城大学综合研究所),77。

40 竹下百马·猪股昌孝编(1941),《久保田铁工所股份公司创业50周年纪念庆志·满洲久保田铸铁管股份公司创立五周年纪念志》(久保田铁工所总务部文书科),48—49页及专利明细。

41 "主要技术人员名簿及简历"(收录于《久保田铁工所股份公司机械部》,昭和八年,亚洲历史资料中心、Ref.C05023225800、防卫省防卫研究所)。

42 同上,根据专利明细得以确认。

43 《发明》,第34卷第5号(发明协会)第48页所记载的新闻"为节约煤炭做出贡献的久保田铁工所",于1937年5月发行。

44 "鼓励国产的错误之举",《读卖新闻》,1930年10月25日。

45 久保田铁工所(1935),"我司简历",《久保田高级铸铁管》(同所)。

46 田中勘七(1933),"关于提高铸铁管材质的实际业绩",《铁与钢》,第19卷第3号(日本钢铁协会),169。

47 "水道铸铁管之联合销售具体计划",《中外商业新报》,1931年5月29日,(神户大学附属图书馆新闻记事文库)。

48 久保田铁工编(1970),《久保田铁工八十年的道路》(同社),92,在本书图1中1926年久保田的市场份额是55%,两种数据之间发生差异的原因尚不明确。

49 同上,94。

50 1921年(大正十年)3月毕业于早稻田大学,同年6月就职于久保田铁工所(同上《社债发行说明书》,4)。

51 同上,《我的简历》,103—105。

52 《新经济》第10卷第3号（新经济社），第12页所记载的新闻"肌肉发达的深海鱼——小田原大造"，于1950年2月25日发行。

53 关于主要产业的企业联盟活动状况请参考桥本寿郎、武田晴人（1985），《两次大战期间日本的企业联盟》（御茶水书房）。

54 冈崎哲二（1993），《日本的工业化与钢铁产业——经济发展制度比较分析》（东京大学出版会），176。

55 久保田铁工所编纂（1951），《日本铸铁管事业发展史》（社内资料），57。

56 同上，"水道铸铁管之联合销售具体计划"，《中外商业新报》，1931年5月29日。

57 大阪市水道部给水科（1934），"大阪市水道专用铸铁管的今昔"，《水道协会杂志》第13号（日本水道协会），10—11。

58 "采用离心式铸造法实现铸铁管的工业化生产"，《日刊工业新闻》，1934年8月3日。

59 "泗水市铁管订单完成交货 久保田铁工所"，《大阪每日新闻》，1931年12月27日（神户大学附属图书馆新闻记事文库）。

60 三宅总领事发给芳泽外务大臣的报告，昭和七年二月（亚洲历史资料中心、Ref.B09041822200、外务省外交史料馆）。

61 小林义彦（1934），"2万吨高级铸铁管发往墨西哥"，《工业日本》第2卷第4号（工业日本社），99。

62 同上，《日本铸铁管事业发展史》，59。

63 同上，久保田笃次郎论文（1975），63。

64 大井清一（1942），"铁管的未来"，水道协会中国四国支部编纂《水道协会第11回中国四国支部会议记录》，68。

65 日刊工业新闻社编（1934），《日本技术专家总览》，昭和九年版（同社），477。小林义彦在1934年时就职于日本铸铁管合资公司

（大阪）。

66 挟间祐行（1940），《瞧，这个人——久保田权四郎传》（山海堂出版社），153。

67 同上，159—162。

68 "有关铣铁进口关税的陈情书"，大正十四年8月（亚洲历史资料中心、Ref.B12083137100、外务省外交史料馆）。

69 大阪铁工业同行联合会，《反对钢铁关税上调说明会概要》，昭和三年1月12日（亚洲历史资料中心、Ref.A08071606200、国立公文书馆）。

70 奈仓文二（1984），《日本钢铁业史的研究——1910年开始至20世纪30年代前半期的结构特征》（近藤出版社），526。

VI 中国业务的扩张

果断扩张到中国东北地区

1931年(昭和六年)9月,中国东北爆发九一八事变,次年3月成立了"满洲国",20世纪30年代的东亚格局风谲云诡。

在1932年1月14日大阪工业会常务贸易委员会联合会上,一致通过了贸易委员会会长栗本勇之助派遣满蒙考察团的提议[1]。满蒙考察团有25名团员,于同年4月3日从神户港出发,同月23日返回大阪。

权四郎也参加了这次满蒙考察团(团长栗本勇之助),并负责调查关税政策、电力供给状况、社会设施、生活费用、农商及其他与移民相关的各项问题。

权四郎随满蒙考察团返回到大阪后,在《工业评论》上发表题为"中国东北管业所见"的短文。文中提及"我想说的是'满洲国'的经济发展将从管道行业起航,文明开发与文化发展其结果之一就是供排水设备。'满洲国'作为一个新起之国，随着人口的增加和街道建设的发展，供排水设备建设迫在眉睫。当地铣铁原料丰富，运输方便且劳动力价廉，有望实现低成本生产。日本国内生产的铁制品在出口上依然颇有竞争优势，不单在中国东北、也将会在南洋沙巴、苏门答腊、菲律宾获得市场占有率，在国际市场上的竞争将会势如破竹般顺利。[2]"权四郎的主张详细分析了进驻中国东北地区不仅能满足当地建设的需要，还可以获取原材料和廉价劳动力，进而拓展海外市场将产品出口到东南亚国家。

虽然在中国东北的大连机械制造厂已经开始生产整模立浇铸造铁管，但却不能满足当地市场需求。久保田铁工所借机向中国东北地区出口了大量的钢铁管。

关东军意图在中国的"满洲国"实现自给自足，下令昭和制钢所生产铁管。但因为这家公司没有相关生产经验，所以举荐了久保田铁工所，并承诺为其提供工厂用地。

另一方面，在南满铁路（"满洲国"铁路）计划中新水源地发掘及沿线设备的建设都是由久保田铁工所新铁管工厂负责。在这样的情况下，权四郎关注日本国家整体政策方向和"满洲国"的市场发展动态，决定进驻中国东北地区。

开设满洲久保田铸铁管公司

1935年(昭和十年)12月,久保田铁工所与大连机械制造厂(大机)合并成立了满洲久保田铸铁管公司(注册资金100万日元,社长为久保田权四郎,总公司在大连,生产工厂在鞍山)。其中,大连机械制造厂出资1/3,久保田铁工所出资2/3。

从大连机械制造厂调出专务董事森川庄吉作为大机代表在新公司就任常务董事职务。在离心力铸造法出现后大机决定与久保田铁工所合并,在发展方向上选择加强车辆生产方面的优势,放弃了新技术的研发[3]。

同时,满洲久保田铸铁管公司的领导层除专务董事森川外,还有市川重三郎出任常务董事和厂长、井泽一助为生产负责人、松浦恒藏担任事务部长、齐藤日露英担任生产部部长、宇佐美盛志为大连营业部主任[4]。满洲久保田铸铁管公司的鞍山工厂建设由川端俊吾和河井贞一共同负责,具体施工则是钱高祖负责[5]。

20世纪30年代中期,满洲久保田铸铁管公司和鞍山的昭和制钢所(1929年7月独立成为南满洲铁道鞍山铸铁厂)等多家企业均是从昭和制钢所购买原材料,逐步形成了"鞍山重工业联盟"。

据说"联盟的企业成员中注册资金在1000万日元以下，10万日元以上的民间工厂共计十几家，加之其他注册资金在30000或50000日元微小企业，一共有近30家成员企业。"其中代表性的企业有以下几家[6]。昭和制钢所（注册资金1亿日元、募集资金8200万日元）、满洲住友钢管（1000万日元、250万日元）、满洲车床制造厂（300万日元、300万日元）、鞍山钢材（500万日元、175万日元）、满洲铸钢厂（500万日元、125万日元）、日满钢管（500万日元、125万日元）、满洲久保田铸铁管（100万日元、100万日元）、满洲亚铅镀金（100万日元、25万日元）、满洲铸铁（20万日元、70000日元）、井口洋行（10万日元、25000日元）、关东洲小野田水泥（500万日元、125万日元）。

"鞍山重工业联盟"的形成满洲住友钢管（1934年成立）功不可没，满洲久保田铸铁管也发挥了重要作用。

日本国内采用的铁管制造方法主要是权四郎所发明的铸造法。1933年川端俊吾远赴欧洲学习离心力铸造技术[7]，次年从美国铸铁管业公司引进了"砂型铸造法"，从美国PIPE管业公司引进了"金型铸造法"。久保田铁工所还准备引进离心力铸造法[8]，并决定先于日本国内工厂在满洲久保田铸铁管鞍山工厂用于实际生产。

为了克服砂型专利的技术难题,"迄今为止,用于铁管铸造的砂型均是使用于铸铁模的内部。离心力技术铸造的应用优势在于不需要敲碎模具,只需要翻砂就可以铸造出和以往一样形状的铸铁管"[9]。

京都帝国大学的名誉教授大井清一进一步改进了砂型离心力铸造技术。他称赞权四郎说道,"能够生产出世上第一完美的产品,完全是仰仗久保田铁工所的久保田社长和田中常务两位多年来不懈地钻研和努力。"1936年6月,在满洲久保田铸铁管公司鞍山工厂首先完成了中口径砂型离心力工厂的建设,开始生产四米长的直管。这家工厂主要的生产原料(铣铁、塑料、石灰石、焦炭)等依然采购自昭和制钢所。在产品销售方面,除了直营之外,三井物产负责关东洲,三菱商事则负责"满洲国"地区。

此后,鞍山工厂扩大了生产规模,并一直是新技术铁管批量生产的工厂。这种情况一直持续到1940年武库川工厂完工。鞍山工厂最为鼎盛的时期是在1943年。当时的久保田铸铁管公司的注册资金为500万日元(全部资产折算后),员工多达1200人(其中日本人150人)。

1940年10月9日,满洲久保田铸铁管公司举办了创立五周年的纪念盛典。回首往事,权四郎致辞说道:"在下不才,

离心力铸铁管宣传书
（图片中字：久保田离心力铸铁管）

生于贫困之家，本无生意资本，省吃俭用才得百元积蓄。昭和二十三年21岁之时，以此为本，于大阪小本创业踏入钢铁加工行业，此乃人生第一步尝试。"此后还阐述了离心力铸造技术的优良特性[10]。

中日战争爆发后，应军部要求久保田铁工所计划另在中国大陆建设两家工厂。1938年6月在天津计划建立生产铁管和农用发动机的工厂，同年12月在上海筹备生产铁管产品的工厂。这两项计划最终都没能付诸实施。直到1939年北方军队、中国北部开发股份公司、中国中部振兴股份公司联名申请在北京建设铁管工厂，取代了之前的天津工厂建设计划。

1939年11月久保田铁工所开始在北京近郊着手北京工厂的建设（内田吾郎厂长）[11]。并从尼崎工厂转移了部分设备，于1940年10月开始投产。原天津工厂和上海工厂的建设计划都已经付诸东流。

第二次世界大战后满洲久保田铸铁管公司留用了以制造科长岩永为首的一批技术人员，负责中国工厂的铸造技术指导，直到1953年这些技术人员才回到日本。[12]

注释：

1 以下内容摘自浅田敏章编著（1964），《大阪工业会50年历史》（大阪工业会），248—252。

2 久保田权四郎（1932），"满洲管业所见"《工业评论》第18卷第7号（工业评论社），11。

3 相田秀方（1957），《大机物语》（大德商事），104—105。

4 满洲日日报社编（1938），《新编满洲职员录》（同公司出版），49。

5 藤田贤二（2011），《满洲乐土拓建者——上下水道技术者的功绩》（日本水道报社），227。

6 以下内容摘自"重工业联盟 以昭和制钢所为中心"《满洲日日报》，1936年9月5日。

7 摘自《金属》第 21 卷第 12 号（阿德内出版社）806 页登载报道"离心力铸造法下的铸铁管生产"，1951 年 12 月 1 日发行。

8 1934 年的金型离心力铸造技术专利的签约方是隅田川精铁所。

9 以下内容摘自大井清一（1942），"关于今后的铁管"（水道协会中国四国分部编《水道协会第 11 回中国四国分部会议记录》），68—70。

10 竹下百马、猪股昌孝编（1941），"社长致辞 久保田权四郎"《庆祝久保田铁工所创业 50 周年纪念志·满洲久保田铸铁管股份有限公司创立五周年纪念志》（久保田铁工所总务部文书科），2。

11 北京日本商工会议所编著（1943），《北京日本人工厂名簿》（同所出版），1。

12 前文所述《满洲乐土拓建者——上下水道技术者的功绩》，229。

VII 家族企业脱胎换骨

变身股份公司与公开发行股票

1930年（昭和五年）12月，作为个体经营的久保田铁工所改组成为久保田铁工所股份公司（注册资金450万日元）和久保田铁工所机械部股份公司（注册资金150万日元）。1937年3月，久保田铁工所与久保田铁工所机械部合并成立了新的久保田铁工所（注册资金700万日元）[1]，次年增资了300万日元注册资金达到1000万日元。

以1930年为节点，久保田铁工所针对公司一分为二和资产所有者法人化问题在《久保田铁工所的80年历程》中详细解释说"这期间的种种细节无法详细阐述，当时的得力干将现在已然作古，一切都无从推测。对于税金方面恐怕还能估计一二。当时的机械部门也有周休两天不景气的时候，可知这个部门与铸件和铁管生产部门是相互独立的，也许在财务上分别结算更为稳妥[2]。"

同时，1930年曾担任隅田川精铁所财务部长的牛尾荣次也回顾道："昭和五年公司转型为股份制，是因为个体经营时期税金过重的缘故。"[3]这也充分说明了公司转型的原因和节税对策。

如表7所示，久保田铁工所股份公司的股东共计22名，久保田铁工所机械部股份公司的股东共计24名，大部分股权依然归久保田家族所有。虽说已经转型为股份制公司，但实质上依然还是以权四郎为权力核心的家族经营企业。

权四郎自己也在此后的公开场合中说道："昭和五年虽然公司改组，但实际上依然是我家族的企业[4]。"权四郎一直在公司内部被称呼为"主人"，并没有设置专务董事、常务董事等公司的董事职务。营业部门和生产工厂虽隶属不同公司，但专务、总务部门是两家公司公用，经费负担按照3∶1的比例支付。

据推测，当时权四郎公司改组的目的是要将深受昭和经济危机影响而极度萎靡的机械部门切割分离，采取彻底的独立核算，促使隅田川精铁所等三家公司良性竞争，在履行公示借贷损益表的义务中，明确各自的经营责任，进一步透明化竞争过程。

1933年4月，不顾小田原大造的恳求，权四郎将牛尾荣次调回总公司。牛尾最初的工作为"摆脱个体经营模式所限，制定与股份公司相符的各种体制与制度等"。他在户畑铸件的专务董事村上正辅的指导下开始着手相关工作。[5]

表7 久保田铁工所（股份）和久保田铁工所机械部（股份）的股东

久保田铁工所股份公司		久保田铁工所机械部股份公司	
姓名	持股数量	姓名	持股数量
久保田权四郎	79740	久保田权四郎	21200
久保田信博	2500	久保田信博	1500
久保田真一	1000	久保田静江	1500
久保田末忠	1000	久保田千鹤子	900
久保田千代子	1000	久保田静一	700
久保田博子	1000	久保田笃次郎	500
久保田静一	500	久保田藤造	500
久保田笃次郎	500	木村利龟太	500
久保田藤造	500	久保田真一	500
须山令三	500	久保田末忠	500
五岛俊吉	500	久保田千代子	500
久保田美纪	300	久保田博子	500
久保田静江	300	久保田美纪	300
田中勘七	200	须山令三	200
大出利市	140	片冈帝一	150
大出政一	70	金丸喜一	60
金丸喜一	50	五岛俊吉	60
大出茂平	40	大出利市	30
大出利夫	40	大出政一	20
大出国一	40	大出茂平	20
五岛伊作	40	大出利夫	20
簏胜三郎	40	大出国一	20
		五岛伊作	20
		簏胜三郎	20
合计	90000	合计	30220

［出自］"久保田铁工所机械部股份公司股东名簿"截至1932年6月末，及久保田铁工编著（1970）《久保田铁工所的80年历程》（同社），112。

首先是要调整与公司体制密切相关的纳税制度。1899年（明治三十二年）纳税修订法案中首次规定法人所得税制度（法人税的设置是在1940年），法人所得（第一种所得）税率为2.5%，个人经营所得税率为1%—5.5%[6]。

因此，从收入所得情况来看，将个体经营转型为法人企业更有利。日俄战争期间所施行的特殊时期特别税法，具体来讲就是沿用了1913年（大正二年）的税改制度，即合名合资企业以及未满21个股东的股份公司和股份合资公司，应缴纳收入所得的4%—13%的累进税率，针对股东人数在21人以上的股份公司和股份合资公司征收6.25%的固定税。

在这种状况下，就不难理解各家企业在财阀保护伞下纷纷蜕化成股份公司的行为。但是当时权四郎还在一方面扩大企业规模，另一方面维持个体经营。

此后，20世纪20年代税法改革后，针对所有法人均适用累进税，从家族企业向股份公司转型的诱惑消失。根据当时的税法，持有大量股份的富裕家庭成立保全公司、通过保全公司进行股票分配，从保全公司分配收入进行避税。但是久保田家族却没选择这样做。因此，1930年（昭和五年）的公司改制，不仅仅是针对所得税法缴税的节税之法，更是通过改制明确管理责任。同年10月6日在大阪角座召开公司创业40周年纪念庆典暨权四郎六十寿宴,其主要目的之一就是探讨缴税的对策。

同年,久保田铁工所和久保田铁工所机械部两家公司股份制改革后,权四郎没有同时兼任两家公司的社长,而是担任了"董事会主席"。1942年以后才以"董事会主席、社长"的名义兼任两家公司。

1937年3月,久保田铁工所合并了久保田铁工所机械部(为了购买后述提及的堺工厂占地,增资100万日元,总资本达到250万日元),又于次年4月增资300万日元,总资产达到1000万日元。增资资金主要用于堺工厂的建设和恩加岛工厂的扩建。[7]

这次合并,有评价称久保田铁工所说"关于铸造工厂和机械工厂这样在生产有所建树的工厂,与从旧机械部发展而来的营业部门合并是必然发展的结果,不难预见两家公司合并后成本费用一定会锐减[8]"。可以说这次合并是使两家公司恢复到了原有的状态。同时考虑到当时战争一触即发,庞大的企业规模可以优先成为经济统治的对象。

1938年7月久保田铁工所和隅田川精铁所合并,注册资金达到1200万日元。与此同时,加强在销售体制方面的投入,例如驻东京办事处升级为分店，开设驻横须贺办事处，扩建驻九州办事处等。次年8月投资成倍增长，企业资金高达2400万日元，并以本次增资为契机，公开发行股票10万股（原有50000股，新增50000股），新增股份主要来源于住友或野村这类大型企业。

住友总公司商工科1939年6月20日文件中关于购入久保田铁工所股票详情，写道"（久保田铁工所）最近成为政府管理企业，在军需产品方面令人刮目相看。其积极的经营方针，与以往求稳的经营方针相辅相成，更为适应当今的时局。其中，生产铸件的机床和堺工厂生产的柴油发动机等均是业界翘楚，可以说未来发展潜力无穷。作为住友公司的关联企业，不仅在金属工业、机械工业方面有业务往来，与住友银行也有多年的信贷关系。现在的融资机会难得，借此机会接受久保田先生的恳求，获得久保田公司的股份……与其成为合作企业[9]。"购入住友公司相关企业久保田的股份，与权四郎建立了合作关系。

公开股权并在大阪证券交易所股票上市，以此为契机，再次审视公司制度，确立权责明确的科部分级管理制度，确定各个部门的分管责权范围。同时确立了董事兼任制度，从1940年6月开始每月发行两次社报。股权公开之后，1940年上半年的管理人员如表8所示。长子静一1919年（大正八年）毕业于早稻田大学后回到家族企业工作，1937年（昭和十二年）两家公司合并之际，静一直接就任新公司久保田铁工所的专务董事职务[10]。

次子藤造于1921年（大正十年）早稻田大学毕业。很早之前就已经参与设计久保田公司的经营。1939年（昭和十四年）藤造出任当时东京分店的店长。小田原大造在合并隅田川精铁所时回到了离别10年之久的久保田公司，就任第一常务董事。

田中勘七1914年毕业于明治工业学校，1917年12月作为技术人员入职久保田铁工所，1939年（昭和十四年）任尼崎工厂厂长。片冈帝一如前所述是有铸造发明专利的技术人员。董事荒木宏原住友金属工业专务董事，满洲车辆和帝国氧气两家公司的董事。时任检察责任董事的针生利喜多担任住友银行元分行行长。检察责任董事久保田笃次郎是久保田家长女的入赘女婿，检察责任久保田信博是权四郎的三儿子，1931年毕业于同志社高等商业学校，曾在国产工业工作，1939年在他32岁时出任堺工厂的厂长[11]。

表8 久保田铁工所的董事会成员（1940年上半年）

职位	姓名
会长	久保田权四郎
专务董事	久保田静一
专务董事	久保田藤造
常务董事	小田原大造
常务董事	田中勘七
常务董事	片冈帝一
董事	荒木宏
常务检察责任董事	针生利喜多
检察责任董事	久保田笃次郎
检察责任董事	久保田信博

[出自] 久保田铁工所股份公司，《第19期业务报告书》，15。

表9 主要股东（截止到1941年末，持股一万股以上）（股）

姓名	原有股份	新有股份	合计
久保田权四郎	85100	42920	128020
春日宏（住友金属工业社长）	42600	11300	53900
久保田静一	29620	14800	44430
久保田藤造	23060	11530	34590
冈桥林（住友银行社长）	16500	8250	24750
野村直二（野村生命保险社长）	14000	7000	21000
久保田笃次郎	13600	6800	20400
片冈音吾（野村证券会长）	12400	6200	18600
熊本石造（野村信托专务）	12100	6125	18225
久保田信博	11560	5780	17340
成濑达（日本生命保险董事）	10500	5250	15750
今井卓雄（住友信托专务）	10000	5000	15000
松井孝长（住友生命保险专务）	10000	5000	15000
野村义太郎（野村合名代表社员）	10000	5000	15000
合计	301040	140965	442005

[出自] 前文所述《久保田铁工所的80年历程》，203—204。

截止到1941年10月末久保田铁工所持股10000股以上的大股东如表9所示。除去以权四郎为首的久保田家族外，其中的大股东还有住友金属工业、住友银行、野村生命保险、野村证券、野村信托、日本生命保险、住友信托、日本生命保险、野村合名代表等。

权四郎的总持股数为72万股，占比17.8%，久保田家族的五人共占34%。表9中尚未列出的久保田家族持股数量（1941年止）如下，权四郎的妻子贵美子持股3890股，四子末忠（1940年任机械部研究主任）持6320股。长女静江5400股，次女三千子3270股，三千子的丈夫天野利三郎2000股，三女儿千鹤子4810股，四女儿博子的丈夫吉田千束60股，五女儿千代子4380股，合计30130股。吉田千束和千代子的丈夫竹中哲哉（1934年京都帝国大学毕业）也在久保田铁工所工作。[12]

1944年上半年久保田铁工所的重要成员有董事会主席和社长权四郎，董事会专务董事和副社长静一，专务董事藤造，小田原大造、田中勘七、久保田信博三人任常务董事，董事有高桥政藏、大出利市（元铸造制造部次长，片冈帝一的义兄）、吉田千束三人，检察董事有久保田笃次郎、村上谦三、朝仓乘之辅三人[13]。第二次世界大战后期，久保田铁工所的经营决策名义上还是以权四郎为首，实际上是儿子、女婿和专业的经营管理者共同负责。

所有者经营与专业经营者经营

1939年（昭和十四年）10月小田原大造就任第一常务，他直白地说："第一次在备受尊敬的伟大实业家权四郎社长身边工作，觉得空前辛苦。久保田老先生是我的恩人，我不会说他的坏话。但他是从旧式样资本主义的环境中成长起来，和我们在想法上还是有着很大差异的，特别是未曾在公司受过训练的公子们的想法更让我为难。"[14]可见小田原也陷入了与公司所有者相处困难的泥沼之中。另一方面，1940年创业50周年纪念志中，小田原写道"主人与佣人的关系受到了当时颇为流行的西方外来思想影响，这并不是朝三暮四浅薄之见，本就不应该是主仆或者君臣关系。"小田原对久保田赞誉不绝，说道"我得到主人的青睐，受到重用、得到特别晋升的机会现在才能成为管理团队中的最高领袖……少主人是人格心胸兼备的优秀继承人，……其他少主人也都是非常优秀的人才，这份家业则会越来越稳固。[15]"这个时候小田原的心境如何不得而知，但从外人的角度来看，当时久保田家族对小田原或多或少应该是有一些不满。

据小田原所说,在他就任第一常务之际,久保田铁工所还没有退休金的相关规定(现实状况如前文所述,当时根据一些惯例有一定的退休补贴)。虽然他说服权四郎开始实行退休金制度,但"遭到公子和久保田家族的强烈反对,在员工这面也备受夹板气,处境艰难。一事难事事难,我的提案因为与以社长为首的久保田家族的立场不同,即便作为第一常务董事也难以发挥作用,直到昭和十八年末转任堺事务所所长之前,整整苦恼了四年。[16]"

1943年10月,小田原就任堺事务所所长期间还有一位常务董事田中勘七转任武库川机械工厂厂长。此时,据小田原所说,权四郎曾对他们两人说:"从你们的年龄阅历来看,担任社长和专务自然不在话下。但久保田铁工所一直是没有外人做过专务以上的职务,希望你们能够知晓并了解这个不变的方针。"小田原的心情是复杂的,"社长的儿子和女婿,和与他们有关联的两三个社员形成了新的管理团队,也就是说我们这些原来的管理人员尴尬地被驱逐了。虽说公司是股份制体制,当时依然还是个体家族式经营模式。虽说已经隐隐感觉到,但真正需要面对的时候,那种心情还真是难以言表。"小田原也曾想暂时从公司辞职,但其长男受训去南方服役后,他也想在后方致力于堺事业所的兵器生产[17]。

小田原从出任第一常务时开始,慢慢熟悉久保田铁工所各家工厂运营模式。"从昭和十四年开始……以工厂为单位基于产量和利益,计算收益率和总资本回流率。实施工厂业绩勘察,将业绩直接反映到奖金当中,激励员工,培养其努力意识的管理方法。[18]"这是战争期间为促进各家工厂间的竞争引入的管理模式。

1944年1月,被指定为军需企业的久保田铁工所由权四郎出任生产责任人。同年七月常务董事田中勘七负责武库川工厂生产,山本光男负责尼崎工厂的生产,常务董事小田原大造负责堺工厂的生产,村上谦三负责神崎工厂,竹中哲哉负责市冈工厂的生产[19]。

注释:

1 1936年8月久保田铁工所机械部股份公司增资100万日元总资产达到250万日元。

2 久保田铁工编著(1970),《久保田铁工所的80年历程》(同社),111。

3 牛尾荣次(1976),《牛尾荣次随心小史》(私藏版),82。

4 竹下百马、猪股昌孝编[1941],"社长致辞"《(庆祝久保田铁工所创业50周年纪念志)满洲久保田铸铁管股份公司创立5周年纪念志》(久保田铁工所总务部文书科),27。

5 前文所述《牛尾荣次随心小史》,20。

6 以下内容摘自宫本又郎(1990),"产业化和公司制度的发展"西川俊作、阿部武司编《产业化时代上(日本经营史4)》(岩波书店),379—386。

7 久保田铁工所股份公司[各期],《业务报告书》。

8 久保田铁工所,《第13期业务报告书》,3。

9 三本一雄(2010),《住友总公司经营史》下卷(京都大学学术出版会),344。

10 以下内容摘自(1940),"久保田铁工所股份公司"松下傅吉编著《人的实业大系制作工业篇》上卷(中外产业调查会),235—237。

11 以上关于主要董事的毕业院校,摘自久保田铁工所[1950],《公司债权发行计划书》,4—5。

12 以上内容摘自挟间祐行(1940),《瞧,这个人——久保田权四郎传》(山海堂出版部)264页。近藤保雄(1941),"东亚重工业的领军人物 久保田权四郎先生的奋斗史"近藤保雄《伟人英豪立志传》(日本精神社),96—97。以及久保田铁工所"第21期股东名簿"昭和十六年4月末止。其中竹中哲哉是1939年3月入职(前文《公司债权发行计划书》,5)。

13 久保田铁工所股份公司,《第28期业务报告书》7—8页以及前述《牛尾荣次随心小史》,67。

14 小田原大造(1962),"我的履历书"《我的履历书》第16集(日本经济新闻社),121。

15 小田原大造(1941),玩笑式的真心告白"竹下百马、猪股昌孝编

[1941]"社长致辞"《(庆祝久保田铁工所创业50周年纪念志)满洲久保田铸铁管股份公司创立5周年纪念志》(久保田铁工所总务部文书科),53—54。

16 同前《我的履历书》,121。
17 同前122—123。
18 广庆太郎(1943),《应运而生——一位经营者的人生之路》(法律文化社),30—31。
19 前述《第28期业务报告书》,3。

VIII 20世纪30年代的业务拓展

柴油机的生产与久保田铁工所机械部的发展

20世纪20年代中期,大多渔船用发动机开始使用柴油机。权四郎曾有过停产石油发动机,转产蒸汽发动机的经验。这个经历也加快了他向柴油机生产领域发展的进程。

1927年(昭和二年),久保田铁工所以瑞士苏尔寿公司的船舶用发动机为蓝本开发出样机,开始发售50马力、75马力、100马力的船舶用柴油内燃机。接下来的1931年,进军陆地用柴油机生产领域。久保田铁工所生产的农机发动机使用博施公司制造的磁发电机和火花塞。进口公司柳生商会推荐久保田购买了小型柴油内燃机专利。1930年技师长金丸喜一拜访博施公司,在进行了深入交涉后,获得了以专利费5%生产七种机型(6—75马力)的制造权,成功签署了10年合同。

这种柴油内燃机主要用于为水泵和木材加工机械的发动机。此外也有50马力以上的船用机种。20世纪30年代中期发动机制造商已广泛采用日本生产的磁力发电机,但这并没有动摇久保田公司对于博世制造的信心。因此,久保田公司也一直在从国外进口相关的配件[1]。

久保田铁工所完成了电打火重油发动机的设计,并生产出在严寒时期也易于启动并能够完全燃烧的高性能产品。1935年11月将这种产品命名为户畑重油发动机,随后开始发售[2]。

这种重油机械的开发带动了久保田技术售后服务的发展,"从销售之后,针对日本国内各地几百台机器进行实地运行状态的考察,并听取来自客户的意见。以金丸喜一技师长为首的技术人员团队从近处的播州、府下泉南、泉北地区不断巡回考察[3]。"久保田铁工所重视客户反馈,因而获得了较高的市场满意度。这也是久保田铁工所能够持续发展的重要因素之一。

1935年苏维埃联邦(苏联)让渡北满铁路给"满洲国"之际,曾将获得的让渡费用购买了大量的日本工业产品。这其中包括400台柴油内燃机,而这400台柴油内燃机中有久保田铁工所在1936年3月交货的101台产品。

产品的机种有苏尔寿式柴油内燃机KM型50马力、75马力、100马力,KL型100马力,船用91台、发电用10台。"这些机械采用了曲轴箱排气法,在燃烧室有预燃室,活塞、汽缸、汽缸盖等主要铸件都是利用兰茨专利用珠光体铸铁锻造,给油器、自动喷油雾装置、润滑油器等是博施公司产品。有操作简单,运行稳定等优点[4]。"这种柴油内燃机俨然是苏尔寿、兰茨和博施公司的专利技术在久保田铁工所集大成的产品。

出口苏联的产品除了前面提及的 101 台柴油内燃机外,还有 150 台石油发动机。柴油内燃机的销售额约为 75 万日元,石油发动机约为 15 万日元[5]。关于柴油内燃机的合同,有评价称,"此次缔结的合同,柴油机每马力 100 日元。这基本上就是当时的市场行价,苏联方面也是了解的。正因如此获得了他们的好感。[6]"可见,在当初针对苏联出口的价格方面还是有商榷余地的。

1932 年 9 月久保田铁工所向海军省提出的"购买名簿登录申请"中,久保田铁工所机械部(船出町工厂、元本工厂)的生产内容为:(一)内燃机(农用小型发动机、船用小型发动机、陆地用小型柴油机、码头用柴油机、飞机用发动机部分零件);(二)蒸汽机(船舶用主机、船舶用备用主机);(三)造船用各设备机械;(四)各种合金类;(五)汽缸附属机械类(节炭机、给炭机、安全阀及其他阀门);(六)各种衡器(自动秤、台秤、吊秤、货车地磅、连续称量器)[7]。与发动机相关的发明专利两项,实用新型专利四项。在船舶机械方面,久保田铁工所机械部成为符合远洋渔业奖励法的农林省认定工厂。同时，在衡器方面取得发明专利共计六项，实用新型专利九项。久保田铁工所机械部的主要技术人员有金丸喜一、田中勘七、川端俊吾、村上谦三、朝仓乘之辅、铃木四郎（1930年毕业于东京帝国大学工学部机械学科后入职[8]）共计六人。

1932年9月提交的"购买名簿登录申请"获批。同年10月，在海军造船监督官中岛喜三郎的监督下，按照此前申请中所提交的内容进口设备。中岛评价说"所申请的机械均是对生产十分有利的设备"，他认可久保田公司的生产作业"恪守八小时工作制"，"以提高效率为目标采用承包制度，既有个人承包也有团体承包的情况。"[9]

整体评价说"公司内部财务略有失望，但企业口碑良好，信誉度高，对经济萧条的目前阶段来说，算是相当有实力的企业了"，同时判断说"在市内有这样的工厂与周围的环境略显不协调"。

漫长的铁管业务低迷时期与铸模生产

长期以来因为受到中国东北九一八事变的影响，"财政不景气，时下更是倍感艰辛……因为并没有从工厂裁员，所以财政方面更是入不敷出"[10]（1931年下半年）。"各地水道工程延期的趋势现在越来越明显，此前期待通过工程扭转财政危机的期望已然落空"[11]（1932年下半年）。"因为客户基本上都是公共团体，受到客户方面的预算和此前约定价格的限制，一直都是廉价销售。而生产成本中原材料的市场价格暴涨，收益率十分低下。"[12]

这样一来，尼崎工厂苦于铁管行业的萧条，终止了自1924年（大正十三年）以来的铸模生产（铸铁模具：注入钢水固定形状的铸铁材质的容器），直到1931年（昭和六年）才再度生产，并将150千克的双柱铸模归入到住友钢管与铜管公司。但是因为停产导致技术空白，还有为了获取客户费尽心思，需要逐步与客户建立信任关系。因此，再次投产之后很多年才慢慢步入正轨。1936年尼崎工厂开始集中生产大型铸模，将小型铸模全部转移到恩加岛工厂生产。隅田川工厂从1938年，市冈工厂从1942年开始也陆续生产铸模。

增设堺工厂

凭借"户畑发动机"这一产品，久保田铁工所机械部的销售数量大幅上升，市场占有率也居高不下，但是依然没能取得当初所期待的经营成果。伴随着农业经济好转，久保田公司的业绩也慢慢回暖。1935年（昭和十年），发动机部门的销售额首次超过了久保田铁工所、久保田铁工所机械部两家公司合计销售额的15%,内燃机和铁管同时成为久保田公司的核心产品。发动机的需求增加,船出町工厂的扩建势在必行。1934年开始,建设农机发动机的专门工厂的计划提上日程,1936年1月在堺市石津町购买了土地(12685坪)。

从1937年4月开始建设堺工厂。建设负责人是技师长片冈帝一,技师柳生种治郎(1921年大阪市立都岛工业学校毕业[13])从戈勒姆接受实用机动车制造的科学管理方法,旨在建立最先进的制造工厂。百余台新型机械中有60台是从欧美各国进口的舶来品,产量与此前相比成倍增长,达到了年产15000台。

同年,堺工厂成为陆军军管工厂,战争期间不断加大军需产品的生产比例,1943年完全停止了农用发动机的生产。

此外,据柳生种治郎所说,1935年权四郎从乡镇发明家手中购买了"挖掘机专利",并对他说:"柳生,我想让将来的农民都能用上这样的机械。"并动员鼓励说:"再改良一下就会实用性更强,一定能取代铁锹和木犁。"结果,第二次世界大战期间受制于军需产品生产的需求,农机生产开发一直拖到了战后[14]。

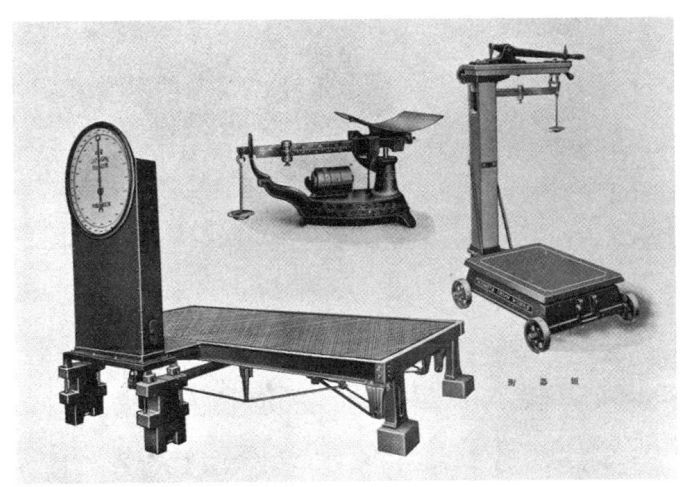

久保田的产业用秤

秤具生产业务的扩大

1928年（昭和三年），船出町工厂的秤具生产设备达到了月产能力2000台的规模，权四郎也就任了大阪府度量衡行会会长一职，巩固了其在行业内的地位。这期间，在久保田铁工所内部已经开始着手研发自动连续计重器和大型货车计重器等产业用称。1931年11月，船出町工厂已经能够生产全机种的产业用秤，获得了第二种生产许可，从此正式进入了产业用秤的生产领域。

1932年,久保田铁工所把第一台传送带秤盘卖给了东京瓦斯公司,这是能够用传送带运输的石灰连续称重秤盘。1935年,恩加岛工厂为了建设新的秤盘生产工厂,把船出町工厂的设备全部转移到这里,并把元兵库县度量衡检定所的骏河弥平所长聘为秤盘生产部门的负责人,已然具备了产业用秤的规范化生产条件。《ENGNEERING》杂志(第28卷第7号,1940年7月刊)中登载了"久保田金额记录式计重器"的广告,"本机根据重量进行机械计算,结果准确可靠,且可同步记录结果并印刷"。如果使用这个的话"就不需要见证人"了。

称具的主要使用对象除"川崎重工业制钣"、"日本钢管股份公司"外还有24家企业。第二次世界大战后期的1944年6月,久保田铁工所开设了布施工厂来生产结合传输记录和秤盘的传输机。1936年以后久保田铁工所的衡器制造由三菱分公司为主的三菱商事全权代理销售[15]。

恩加岛工厂的扩张

九一八事变后,铸铁管和普通机械铸件销路良好,因此,久保田铁工所在1933年(昭和八年)8月开始着手扩建恩加岛工厂。

"普通机械铸件行业和特殊铸件行业销路一直很好,因此集中主要精力将此前的工厂扩建，提高工厂生产能力，雇用优秀工人才使生产机械发挥最大的机能"[16]（1934年下半年）。1934年9月，受室户台风的影响，工厂灌水损失惨重，直到1937年投入500万日元才算初步完成修缮工作。此后，生产规模扩展到原来的10倍，年产跃至22364吨，恩加岛工厂成为综合铸件工厂。1936年开始筹备的国家大型项目——关门隧道需要混凝土管13000个。这些都是1939—1943年在恩加岛工厂生产的。

恩加岛工厂扩建期间引进了电气炉。久保田铁工所考虑利用电气炉能生产出比铸铁更为坚韧的铸钢产品，在1936年请到了大阪机械制造所铸钢技术人员见须二朗（1930年毕业于东北帝国大学工业部机械工学专业）。

1937年5月，见须尝试了铸钢齿轮，权四郎过目之后大喜过望，指示长子静一在大同铁工所的基础上成立铸钢专门工厂。

大同铁工所与恩加岛工厂情况类似，首任厂长见须还从大阪机械制作所带来了职工长等十几名熟练工人。1937年12月开始，铸钢工厂初具规模，当月生产量70吨，1940年则扩展到300吨。购买了大正区鹤町的日本的通用汽车旧工厂作为产品处理的工厂，也就是之后的鹤町工厂。

三菱商事记述"这家工厂（久保田铁工所——引用者注）的铸钢产品并不是直接由我公司销售，在阪神地区是由三菱下属公司直接处理，其他地区多是我们公司的分公司处理。"[17]

注释：

1 "能否实现国产磁发电器的应用 关注久保田发动机"，《日刊工业报》，1934年8月8日。

2 机械学会编著（1936），《机械工学年鉴》昭和十一年版（会内出版），64—65。

3 "巡回服务 金丸技师长派遣"，《日刊工业报》，1935年2月26日。

4 机械学会编写（1937），《机械工学年鉴》昭和十二年版（会内出版），95。

5 《日刊工业报》1935年8月3日、8日。

6 同前报纸1935年8月3日。

7 以下内容摘自"购买名簿登记申请"（《久保田铁工所机械部股份公司》收录，昭和八年，亚洲历史资料中心，Ref.C05023225800 防卫省防卫研究所）。

8 "主要技术人员姓名经历"（同上史料中收录）。

9 以下内容摘自中岛喜三郎"工厂视察记录"昭和七年10月26日（同上史料中收录）。

10 久保田铁工所，《第2期业务报告书》（昭和六年下半年），2。

11 久保田铁工所，《第4期业务报告书》（昭和七年下半年），2。

12 久保田铁工所,《第5期业务报告书》(昭和八年上半年),2。
13 久保田铁工所(1950),《公司债权发行计划书》,5。
14 牛尾荣次(1976),《牛尾荣次随心小史》(私藏版),294。
15 三菱商事股份公司编著(1958),《立业贸易实录》(社内发行),269。
16 久保田铁工所,《第8期业务报告书》(昭和九年下半年),2。
17 前文所述《立业贸易实录》,269。

IX 二战时期的久保田铁工所

成立尼崎铸铁工厂

第二次世界大战时期,久保田铁工所也曾尝试涉足炼铁行业。权四郎曾兼任过董事的尼崎制钢股份公司,在1937年(昭和十二年)就关于成立生产铣铁公司的事情试探过久保田铁工所的意向。

其提议是该公司与需要大量使用铸模铣铁的久保田铁工所共同建造符合制铁企业法律要求的大型高炉。拥有属于自己公司的高炉,不仅能够保证原材料铣铁的供应,更能实现从高炉出铁的铁水直接进入到铸造铁管(直铸)的工序。这对于铸造流程的合理化建设和保障产品质量都具有非常重要的意义。而权四郎从很早以前就注意到了这一点。

虽然在第一次世界大战期间,权四郎经历了关西制铁的挫折,但他依然认为这是一次千载难逢的机会。1937年8月,由尼崎铸铁工厂与久保田铁工所共同出资建立了尼崎铸铁股份公司（注册资金500万日元，双方各投资50%）。权四郎出任尼崎铸铁股份公司的社长。然而，在第二次世界大战期间置办制铣设备的花费远远超出了预算，后来因为得到了津田信吾社长任职的钟渊实业的投资，这个350吨的高炉才得以在1941年竣工。

1941年6月7日，在高炉的点火仪式上，作为主祭的权四郎宣读了祭文，商工大臣代理长官（椎名悦三郎总务局长）、来宾代表钢铁统一管理会会长平生釟三郎等分别致辞。权四郎亲手点燃熔炉后，在平生会长带领下，大家三呼"万岁"结束了点火仪式[1]。

按照当时的生产计划，由钟渊实业提供生产需铁矿石。这些矿石的主要产区是朝鲜、中国华南华北和日本国内。焦炭炉所用煤炭均为该公司提供的中国煤炭。

在筹备尼崎铸铁工厂的同时，铁管工厂的拟建计划也如期进行。此前，砂型离心力铸造设备在中国已经试验成功。这次除砂型离心力铸造设备外，日本国内还将首次投入使用金属离心力铸造设备。田中勘七郎作为指挥建设工作的总责任人，兼任了常务董事的工作。

1939年，尼崎铸铁工厂购买了与工厂毗连的土地，打算推进建设武库川工厂的计划。这个计划旨在实现从高炉溶铣后直接铸造生产离心力铁管。1941年10月，砂型离心力离心管工厂竣工并投产使用。但是因为当时加强了对经济的管制，工厂经营者不能自由地选择铣铁供应商，所以尼崎铸铁工厂的熔铣从没有运输到武库川工厂过。

权四郎因为直铸铁管的夙愿难偿而失望透顶，身体状况也每况愈下。1943年，他辞去了尼崎铸铁工厂的社长职务。这是继关西制铁的失败之后，权四郎在制铁行业所遭受到的第二次挫折。

虽然权四郎一直坚信信念的重要作用，但是战争期间艰难的经营环境没能让他的梦想得以实现。1943年5月武库川工厂完成了金属离心力铁管铸造工厂厂房的建设，然而在1945年6月，已完工的工厂厂房与尚未完工的设备在轰炸中被毁。

再度启动机床生产业务

20世纪20年代中期，曾一度停产的机床生产在第二次世界大战期间意外地迎来了生产的春天。1930年（昭和五年）久保田铁工所又开始生产轧辊车床，并在1937年决定全面投产船出町工厂，开始生产普通主控型机床[2]。

久保田铁工所在同一时期也开始生产家用刨床。片冈帝一和朝仓乘之辅等人为了在船出町工厂生产铸铁机械及其他工业设备等多种机械，一边积极总结生产经验，一边大力推进机床设备的生产。

1939年，日本制铁公司从船出町工厂订购了大量的轧辊车床。1940年，船出町工厂与安川电机制造合作，开发了电控直流电刨床。1942年7月，在日本军方的命令下，仅生产轧辊车床、刨床、边缘磨床三种机械。由于久保田铁工所生产的铸铁耐磨性好，其生产的机床受到了客户的好评。为了满足日渐增多的机床订单需求，如后文所述，在1943年7月久保田铁工所完成了从船出町工厂的机床生产部门，到武库川工厂第四机械工厂（机床机械工厂）的搬迁工作。这家工厂从8月开始成为陆军监管军工厂，10月成为商务工业部直属工厂，11月商务工业部废除后移交军需处，成为军需处成立后的首批直属军工厂。

伴随着机床生产业务的不断扩大，久保田铁工所加入各种团体的机会也随之增多。自1942年1月，久保田铁工所陆续加入了精密机械统制会、海军机床机械工业会。同年5月又加入了海军机床机械工业会大阪地区分会。1943年5月，久保田铁工所加入陆军航空工业会第五工业会机床机械部、并于同年7月加入兵器工业会机床机械部。

1942年11月，精密机械统制会进行了一项颇有意思的调查，其内容如下[3]：

在机床买方中，海军占六成，陆军占四成，"几乎没有来自于民间的需求"。同时，报告中指出久保田铁工所的"工业机械铸造产品几乎都用来供应全国各大登录在册的工业设备公司。"可见，"擅长铸造的久保田"其机械铸造产品已然成为日本国内机械铸造产业的支柱企业。

在机床铸造产品方面，根据1938年的报道，"为了完成来自机床厂家的大量订单，尼崎铸铁工厂的机床铸造工厂，将大约400坪的右旋机床铸造工厂一分为二，一方面生产机床主机，另一方面生产其他附属零件。在同一社长的共同领导下，以合理生产为前提，加强不同生产部门间的配合协调，旨在能够生产出更多的机床产品。当时生产的六尺车床、八尺车床、十尺车床和十二尺车床可以到达到日产10台，月产300台的生产规模。[4]"

在尼崎工厂，关于其工业设备铸造产品的生产情况，在1940年的时候就被指出"如今车床精密度的优劣极大地受铸造产品本身质量的影响，由此若要发展工业设备制造业务，首先应在日本全国范围内提倡提高铸造产品质量，并扩建尼崎工厂，改进工厂设备，把工厂建设成为机床铸造专业工厂。在老主顾方面自不待言，更是要给全国的机床制造业者提供更好的产品……在对铸造产品质量颇多存疑之际,尼崎工厂的这项方针在提高机床铸造质量方面上成效卓然。[5]"

在精密机械统制会开展这项调查期间,武库川工厂的机床工厂尚未完工,一直在船出町工厂生产机床[6]。这项报告还指出:"各行业大多是根据工厂产品类别而聚集。在生产机床的船出町工厂,一栋楼内的柴油内燃机制造设备兼作他用,员工也属共同雇用,在财政上想要做到泾渭分明是十分困难的。""一直以来,机床生产制造工序都是在尼崎工厂进行机械铸造,用卡车或船运输到船出町工厂进行机械加工,再运到武库川工厂进行组装。为消除生产过工序中的运输不便,把船出町工厂的机械加工部门迁到武库川工厂。这项搬迁预计在昭和十八年(1943年)8月完成。与此同时还打算扩建完善武库川工厂,实现流水线生产。"武库川工厂的扩建工作基本上都是按照原计划完成的,这在当时的战争时期是绝无仅有的。

有财政调查结果显示,在工厂各部门的账务上"关于各工厂的财务账簿分离,并不是各自财务记录完全独立的意思,而是在武库川工厂机床生产账务集中的前提下,其他各部分别记账。"在成本核算和预算统筹管理方面"虽然实施得并不彻底,但已经从去年(1941年——引用者注)陆续开始"。

在劳务方面,久保田铁工所"实施工资个体差异化,平均每小时30钱,实习员工支付30%的工资。由公司提供宿舍,工作时间为早7点半到晚17点,加班时间控制在一个半小时之内,缺勤率控制在30%以内。在保证劳动效率的前提下,会有一定的加班"。

武库川工厂的机床工厂(总员工数397名、主要产业工人254名)在1943年10月至1944年3月期间,机床生产的实际生产台数为13台,生产量为547吨,总生产资金168万日元。海军部财务局的调查中将武库川工厂归类为"专门生产各种吨位级别的机床工厂",在同类的其他八家工厂当中,在生产效率方面(工作时间、加工费用、设备磨损开支)是位列大日本工机·今宫工厂、野村制造所、大日本工机·市冈工厂、芝浦机床·鹤见工厂之后的第五名。继武库川工厂之后,还有荏原制造所·川崎工厂、芝浦机床·沼津工厂、大阪机床制作所·长冈机床几家工厂[7]。

军需生产业务的扩大

从1939年(昭和十四年)开始,船出町工厂应海军舰政总部要求,扩大了驱逐潜水艇用深水炸弹型驱潜艇和水陆两用舟艇的柴油内燃机生产规模。

当时有个设想是把船出町工厂建设成为柴油内燃机的专

业生产厂，并集中生产其他类型机床、矿山机械、上下水·燃气管道用真空管等。在这种设想的推动下，久保田铁工所开始建设新工厂，也就是前面所说的武库川工厂。建设武库川工厂的目的就是利用离心力铸造法生产铁管和各种产业机械。建设工厂的资金来源是久保田铁工所增资中的一部分资金。预期武库川工厂能在久保田铁工所创业50周年即1940年投产使用，达到和中国北京分工厂的同步发展。1940年1月久保田铁工所开始建造机械工厂，同年10月第一机械厂完工，1942年第二、第三机械厂陆续完工，到1943年7月第四机械厂（机床工厂）投产使用。至此，久保田铁工所完成了武库川工厂作为产业机械生产专门工厂的整体部署。

1940年的公司营业额攀升到4888万日元，从业人员达8500人，同年10月在堺工厂举行了久保田铁工所创业50周年纪念大典。在公司创建50周年之际，权四郎捐赠了50万日元个人资产用于提高公司员工的福利待遇，并于次年成立了久保田福利会。

福利会的事业内容主要是对公司员工及家属提供医疗资金、人事协商、代办政府手续等。福利会能够代办继承、死亡、结婚、军事、教育等政府相关手续事务，属于日本国内首例[8]。

太平洋战争爆发后，海军陆军的军需品成为工厂生产的主要业务。在工厂的铸造部门除钢铁铸模和机械铸造品以外，还增加了生产船舶螺旋桨的合金铸造品、用于战备车零件的铸钢、用于制造火药的耐酸锅用的高硅铸铁等订单。为完成上述订单任务，久保田铁工所在1941年收购了毗邻堺工厂的阪堺特殊合金铸造工厂，成立了合金铸造工厂。

此外，1943年久保田在尼崎市开设了神崎工厂，专门生产特殊铸钢和高硅铸铁产品。

与此同时，工厂的机械部门一方面生产军需特殊车辆和柴油内燃机，另一方面从1943年开始生产机场整地推土机。同年，船出町工厂应军需要求生产400马力大功率潜艇驱逐舰专用的柴油内燃机，年产量从46台飞跃性地增加到了160台。仅仅是把机床生产线迁到武库川工厂已不能解决问题，于是久保田铁工所与龙泽铁工所合并，在1943年成立了久保田第二铁工所（注册资金1000万日元），并于次年8月在大阪府河内郡成立了若江工厂。

但是由于战争期间遭到空袭，工厂被迫疏散，直到第二次世界大战结束若江工厂仅生产过5台发动机。

1944年1月，久保田铁工所成为第一批指定军需企业，董事长权四郎任总责任人，各工厂厂长作为生产负责人向生产目标挺进。即便是在军需生产优先的第二次世界大战时期，权四郎也非常有预见性地致力于新技术的开发和新产品的研发。

在铁管生产方面,在巩固砂型铸造的基础上加速金属型离心力铸造技术的实用化进程,并加快促进农业机械化发展的农机研发。到1945年后,接连不断的空袭摧毁了各地的工厂,船出町、市冈两家工厂在3月1日的大阪大空袭中被焚烧殆尽。

第二次世界大战时期的资金调配

在久保田铁工所推进的各项事业中,仅凭增加注册资本金这种做法效果有限。况且为确保久保田家族的持股率,保持其对企业的决策权,也不能光是凭借增资这一种做法。

从第二次世界大战前开始,久保田铁工所已与住友银行、安田银行、三菱银行、三井银行、野村银行、第一银行、三和银行和大阪储蓄等多家银行一直保持合作关系。

太平洋战争末期的1944年(昭和十九年),久保田铁工所被定为军需工厂后,开始实施军需融资金融机构制定制度。其中住友银行作为指定金融机构与铸铁行业业务往来日益频繁,形成了长期资金来源于战时金融金库(1941年4月发起),短期资金依赖住友银行的态势[9]。

太平洋战争时期各家工厂的发展动向

截止到1942年（昭和十七年）8月为止，久保田铁工所公布的注册资金达3600万日元（1941年8月增资，缴付资本金3000万日元），职员1081人，工人7774人，涉及转包分包工厂151家[10]。

1942年度各工厂所公布生产额度如表10所示，其中恩加岛工厂和尼崎工厂的生产规模最大，接下来依次是船出町工厂、武库川工厂、堺工厂。整体上来说产业机械产品占比高于其他产品（铸造、铁管等）。

截止到1944年6月，各工厂的从业人数与机床设备台数如表11所示，从业人员中事务员711人、技术员303人、工人8439人、学徒工1586人、女子挺身队89人、其他人员57人，共计11185人。从各个工厂来看，堺工厂的工人、技术员、机床设备台数最多，可以说这家工厂所培养的发动机生产技术人员一直发挥着重要作用，直到战争结束。

但是在陆军监督官看来，1945年春堺工厂（生产负责人为小田原大造）"由于空袭和工厂疏散导致的运输，引发工人及其家属的疏散，导致出勤率低下，严重影响了工厂的生产能力"。甚至有"由于在职工人素质较低导致的技术能力低下"的问题[11]。

表10 久保田铁工所生产额（1942年度）

工厂	产业机械				其他	小计（千元）
	陆军	海军	其他	小计		
船出町	1332	3766	81	5179	752	5931
恩加岛	441	999	12041	13481	2290	15771
堺	355	256	2087	2698	604	3302
市冈		19	167	186	401	587
武库川	91	537	684	1312	3064	4376
尼崎		236	4270	4506	9990	14496
隅田川			1731	1731		1731
合计	2219	5813	21061	29093	17101	46194

［出自］产业机械统治会［1944］，《会员业态要览》昭和十九年版（同会），333—334。

表11 久保田铁工所各工厂从业人员构成和机床设备台数（1944年6月末）

工厂名称	事务员			技术员	工人			学徒（人）	女子挺身队	其他	机床台数（台）
	男	女	计		男	女	计				
船出町	57	21	78	70	940	119	1059	324	6		290
恩加岛	111	53	164	44	2085	205	2290	795			206
堺	105	95	200	119	2094	294	2388	260	25		806
市冈	5	1	6	2	37	5	42				3
武库川	95	39	134	24	471	50	521	147	51		73
尼崎	43	42	85	27	1265	105	1370	60	7	57	89
隅田川	44		44	17	686	83	769				67
合计	460	251	711	303	7578	861	8439	1586	89	57	1534

［出自］同上《会员业态要览》昭和十九年版，334。

恩加岛工厂（生产负责人竹中哲哉）当时的困难是"生产材料运输困难，特别是劳动力不足问题突出"等。这在陆军监督官看来是由"生产负责人整体指挥力度不够"导致的。在铸钢工厂（大正区南恩加岛町，生产负责人竹中哲哉）方面"由于大轰炸和辅助资源难以及时就位等问题，生产量有所减少"。鹤见工厂（大正区鹤町，生产负责人竹中哲哉）则是"昭和二十年（1945年）3月13日夜间轰炸中工厂烧毁三成"，同时"氧气和碳化物不足，运输困难"等问题突出。

第二次世界大战时期对技能工人、技术人员的培养

久保田铁工所自创业以来就没有系统性的技术培训设施，而是以彻底的OJT（On the Job Training，在职培训）来培养熟练工人。1935年（昭和十年）4月，久保田铁工所发布了开办青年学校的规定，次年7月船出町工厂成立了久保田第一青年学校，1938年堺工厂的久保田第二青年学校落成。

青年学校是以技能训练为主，军事培训为辅，同时开设一些通识课程的五年制学校，校长是工厂的厂长，教师是久保田铁工所的职员。久保田铁工所在此后陆续成立了以下几所青年学校。1939年5月恩加岛工厂的第三青年学校、尼崎工厂的第四青年学校和1942年5月在武库川工厂的第五青年学校。

此外，1939年3月久保田铁工所还颁布了培养机床技能工人的规定，认为具有一定规模的机床工厂有培养技术工人的义务。就这样，久保田铁工所双管齐下，将青年学校分成了第一本科和第二本科,在第二本科阶段着重培训实践技能。

解决了产业工人的培养问题,1940年4月,为了解决第二次世界大战期间技术人员匮乏的问题,久保田铁工所又在船出町工厂开设了技术人员培养机构。招募中学毕业生进行为期一年的机械技术培训,尝试培养能直接上岗的生产现场技术人员。在第一期和第二期合计成功培养出22名技术人员后停办。

此后,久保田铁工所获得了大阪府的教育嘉奖。并于1944年3月接手了生野区的兴国商业学校,正式成立了久保田工业学校,权四郎出任理事长。限定招生名额为第一本科(脱产)600名,第二本科(夜校)400名,学制四年。战后的1946年2月,久保田铁工所办学资格被撤回,校名再次恢复为兴国商业学校(即现在的兴国高等学校)。

注释:

1 以下内容摘自《工业评论》第27卷第6号(工业评论社)34—35页登载"尼崎铸铁工厂的铣铸统一作业"。本刊1941年5月10日发行。

2 以下内容摘自久保田铁工所(1944),《总公司机床制造事业概要》(总公司)。

3 以下内容摘自生驹俊太郎"久保田铁工所股份公司调查"昭和十七年11月25日。收录在精密机械统治会《兼业调查报告集》。

4 出自前述《工业评论》第24卷第2号39页记载"走向铸造品的大规模生产——久保田铁工所"。本刊1938年2月10日发行。

5 同前,摘自《工业评论》第26卷第6号60页记载的"机床精良化应从铸造品的改良做起"。本刊1940年6月10日发行。

6 以下内容摘自前述生驹俊太郎"久保田铁工所股份公司调查"。

7 以上内容摘自海军部财政局第六科《机床制造业生产实业与生产效率的比较》。(昭和十九年8月1日成稿)和《机床制造业生产实业与生产效率的比较》(昭和十九年8月8日成稿)。

8 日本产业经济报社政经部(1943),《全国模范工厂视察纪要》(霞关书房),68—69。

9 广庆太郎(1943),《应运而生——一位经营者的人生之路》(法律文化社),22—23。

10 收录于陆军兵器行政部(1944),"昭和十七年度 社会概况表"《昭和十九年度改订 现势要览》(同部门出版),15。

11 以下内容摘自"工厂监督概况书 昭和十九年度"(亚洲历史资料中心,Ref.C12121797300、防卫部防卫研究所)。

X 二战后的企业改革与管理

久保田铁工所的经营环境

1945年（昭和二十年）12月22日久保田铁工所股东大会上，选出公司董事长久保田权四郎、副董事长久保田藤造、专务董事小田原大造、常务董事川端俊吾、董事吉田千束、监察村上谦三、董事朝仓乘之辅等职。

与此前1944年9月的董事阵容相比，久保田静一、田中勘七、久保田信博、高桥政藏、大出利吉、久保田笃次郎等均已退出董事会[1]，这种体制自第二次世界大战后开始实施。1946年8月，久保田铁工所成为公司会计紧急处理法颁布后指定的特别财会公司。作为债权方，住友银行的野田哲造、战时金融金库保管铃木祥枝、社长权四郎和专务董事小田原四人组成特别财务管理委员会，开始商讨复兴计划。

此后，公司的财务运营全部按照公司财务应急处置法进行，直至作为特别财务公司的整顿前夕，公司在财务上无权分配股息和红利,这极大地限制了公司的运营。

同时,国家开始支付战争赔偿。1946年8月,堺、恩加岛、武库川三家工厂受命支付赔款并奉命保全作为赔偿品的生产线设备。次年9月,久保田铁工所提出了解除作为指定赔偿单位的申请。结果,除了生产机床的武库川工厂第四机床厂外,其他工厂均如愿解除了指定赔偿。

此外,1947年12月《排除过度经济集中法》(《排集法》)颁布。次年2月,矿产工业部门首次指定了257家公司,久保田铁工所赫然在列。市场占有率高的铁管和石油发动机部门的分离已然成为棘手难题。

持股公司整理委员会在回答书中指出,久保田公司的铁管产品,包括非常有竞争力的钢铁管和混凝土铁管,其产品市场占有率接近一成,石油发动机包括全部的内燃机在内,其市场占有率约一成。这个回答书公布之后,久保田公司的增资、设备转移、选任董事等各项重要事项均需要经过联合国军最高司令官总司令部(GHQ/SCAP)的审核。此后,《排集法》的执行大幅缓和,到1948年末久保田铁工所已完全解除了指定监督。

与此同时,1945年末总公司、东京分店、尼崎、恩加岛、神崎、堺、武库川、隅田川工厂共八家企业组成劳动工会。次年2月统一成立了全部公司参与的久保田铁工所劳工会联合会，并于7月召开了第一次经营协议会。1946年4月，久保田第二铁工所陷入了劳资纠纷，双方交涉深陷困境。久保田第二铁工所再建无望，于1949年停产关闭。

1946年6月，久保田铁工所签署以劳资协议为重点的协议合同，期盼劳资同心，致力于战后复兴。

就这样，1949年良好的劳资关系已成为久保田铁工所的"公司优势"。具体来说"劳动工会严格执行各项规定，不仅调停各项纷争事项，还经常呼吁大家齐心协力，共同提升技术水平，提高生产效率。时至今日，已然远远超出了战前水平，达到了月2.3亿日元的生产规模[2]。"

被指定成为特别财务公司后，久保田铁工所进行了企业再建重组。1949年1月，基于企业再建整顿法律向大藏省提出了认可申请书，并在3月审批通过。此后，久保田铁工所增加投资，在1949年5月末实施了新旧结算合并，7月取消了特别财务管理人登记，完成了历时近3年的企业重组再建。

企业的管理危机和权四郎的隐退

如前文所述，第二次世界大战后的久保田铁工所先后被指定为特别财务公司、战争赔偿指定公司、过度经济集中排除法指定公司，极大地束缚了公司的自主经营权。

久保田铁工所较早地着手改善劳资关系，并在1949年（昭和二十四年）重新获得了企业的经营权。

据小田原大造说，1945年10月权四郎召回小田原到总公司[3]，恳请他："想请您帮帮我这个垂暮老人[4]。"小田原接受了权四郎的请求，这就是前面所说董事新体制制定的前提和背景。

在久保田铁工所编著的《久保田铁工所的80年历程》中，作为公司发展史上的特例，开篇即是"众所周知，社长即我等之带领者。自公司创立以来艰苦卓绝奋斗了58年迎来了公司今日之盛况，社长之功不可没。这位日本铸铁工业行业的巨人，今因高龄之故引退，决定让位于长子静一"。小田原大造按照原文宣读了"声明书"（1947年12月29日）。

声明书中首先声明是"在前任、现任社长的认可下公布本声明书"[5]。于是，权四郎退居顾问董事，静一在1949年2月23日就任社长。

在《百年久保田》中对权四郎当年引退的内情如此写道："昭和二十二年末，虽然权四郎决意引退，但想一直奋斗到解除集中排除法之日。"[6]但是，这种解释必须进行补充说明。

持股企业整顿委员会证券部业务科所编写的"公司调查表"（1947年9月20日）中显示，当时股东会委员有社长久保田权四郎（1930年12月就任）、副社长久保田藤造（1945年12月）、专务董事小田原大造（1945年12月）、常务董事川端俊吾（1945年8月）、董事朝仓乘之辅（1946年6月）、董事米田健三[7]（1946年6月）、监察牛尾荣次（1946年6月）。自1945年12月开始，董事吉田千束和监督村上引退，久保田信博出任常务、米田和朝仓出任董事、牛尾就任监察董事[8]。

此外，第二次世界大战末期的1945年7月末，公司注册资金已从3600万日元增加到6300万日元（截止到1948年5月，缴纳资金为4725万日元），久保田铁工所的增资从1948年10月1日的1.33亿日元，增加到1949年5月15日的2.8亿日元。

同时，在权四郎辞任后的第五天，即2月28日的临时持股总会上增加投资从1.47亿日元，涨到2.8亿日元[9]。1948年10月的增资（140万股、7000万日元）"企划书"中，截止到同年9月20日现任各董事的持股状况如表12所示。

当时，作为"代理董事长"的久保田静一赴任，他在1942年12月到1945年12月间任副社长。但在1945年12月的"社会调查表"中并未体现久保田静一的新职务。1949年2月权四郎从社长职位引退，成为顾问董事。静一就任社长，藤造就任副社长，其他重要职务如表12[10]。权四郎从社长职位上引退一事在1949年9月就已经决定。

表12 久保田铁工所股东及持股状况（截至1948年9月20日）

董事会任职	公司职务	姓名	持有股票数
董事长		久保田权四郎	48025
代理董事长		久保田静一	29670
副董事长		久保田藤造	26720
经理		小田原大造	2325
董事	企划部长	川端俊吾	2950
…	财务部长	久保田信博	26275
…	武库川工厂厂长	田中勘七	3925
…	东京分店店长	朝仓乘之辅	580
…	总务部长	牛尾荣次	4435
董事	隅田川工厂厂长	米田健三	300
…	营业部长	桑原卯左卫门	3860
…	堺工厂厂长	柳生种治郎	3310
监事会主席	监理部长	井上寅次	4515
监事	生产部长	侧岛四郎	300
监事	恩加岛工厂厂长	竹中哲哉	7760

［出处］久保田铁工所"企划书"，昭和二十三年9月20日（亚洲历史资料中心、Ref.A0403119400、国立公文书馆）。

同时，"企划书"中有如下说明："目前为止因为公司内部关系的缘故，公司股东占据了大部分股权，昭和十四年（1939年）8月注册资金以200万、400万日元的速度成倍递增，同时公开股份彻底进行控股管理。截止到昭和二十三年（1948年）7月，持股人约2800人，没有占据一成以上投资持股人。"权四郎和其儿子（静一、藤造、信博）持股总额分别为130690

股和126万股,占比10.37%[11]。因为前面所述持续增资的原因,久保田家族的持股比率继续急速下降。

1949年2月静一就任为第二任社长,同年年末由于健康原因辞去职务。次年1月,59岁的小田原大造继任成为第三任社长。到1967年12月就任公司董事长,小田原在社长的职位上工作18年。藤造副社长是在1950年5月引退社长职位后就任董事长职位,也就是说藤造就任董事长是在小田原之后,是小田原的继任者。同时,常务董事信博在1960年12月卸任。

权四郎卸任顾问董事五年后,也就是1954年,时任久保田铁工所董事长的久保田藤造追随其父志向,在文章中写道:"我开始接触公司是在大正十年(早大政经毕业后),而时至今日,父亲作为一个创业者已然奋斗了70年。与父亲相比,我做得还远远不够。"[12] 此时,久保田铁工所的企业统筹管理被认为是稳定的,藤造所想为何,所言及的"不足"之处也只有他自己才知道吧。同时,久保田铁工所在1953年6月更名为久保田铸铁,个中缘由是因为在申请发行公司债券时,有一个小插曲。大藏省的负责人惊讶地说道"铁工所怎么能申请发行债券呢?"得到的答案是"公司早已不再仅是一家乡镇企业了。"此后才更换了公司的名称[13]。

公司更换名称,并不能说这就代表着权四郎从此与自己一手创建的久保田铁工所再无瓜葛。

第二次世界大战后初期的资金调配

久保田铁工所在1948年（昭和二十三年）6月，注册资金6300万日元中尚未到位的2025万日元征收到账，但对公司发展来说仍是杯水车薪。第二次世界大战后依然与住友银行保持借贷关系，久保田铸铁成为同街的住友银行道顿堀分行最大的信贷客户。当住友银行无法再提供借款时，总经理小田原大造和财务科长广庆太郎四处奔走，又从安田（富士）银行争取了7500万日元的融资。

在这次融资当中，小田原总经理为银行提供担保物品，承诺"我以我的身体作为担保，请您务必贷款给我"。深受感动的难波分行行长与总行协商，花费两天时间说服了银行的三位常务董事，为久保田铁工所成功融资7500万日元（分3000万日元和4500万日元两次支付[14]）。

前文所述1948年10月7000万日元（实际到账6710万日元）增资资金主要用于第二次世界大战时金融金库借款的返还款、第二次世界大战时特别补偿税款、住友银行信贷还款和企业流动资金[15]。因此，从安田银行得到的7500万日元融资真可谓"久旱逢甘霖"。另外有一点需要注意的是在与银行交涉时小田原的言行，几乎是一位有公司所有权的经营者才会有的行为，也昭示了当时的久保田铁工所的实际归属权。

第二次世界大战后的生产状况

因为久保田铁工所的船出町工厂曾80%被焚毁，所以一度借用布施工厂（归属久保田第二铁工所），将剩余设备尽数转移后持续生产。1948年（昭和二十三年）11月船出町工厂复建后设备再次归还，同时恩加岛工厂的衡器生产设备也转移到船出町工厂，实施衡器的集中生产。其他工厂所受战争的损耗较小，几乎没有影响到正常生产，第二次世界大战后马上恢复了生产[16]。

第二次世界大战后的久保田铁工所恢复生产的有武库川、尼崎、恩加岛、铸钢、船出町、堺、隅田川共七家工厂。1949年3月的各种类产品产量如表13所示，其中铸造类产品产值7亿3739万日元，机械类产品产值4亿9841万日元。铸造类产品依次是铸铁管、钢块铸模、一般铸造品，机械类产品中小型石油发动机依然占据了很大的比例。

负责发动机生产的堺工厂"号称东洋第一发动机生产工厂，拥有让美国经济使节团都赞叹的流水生产作业，年产25000台"。此外，久保田公司的另一优势为"第二次世界大战前后的生产状态基本上没有差别","这与其他很多已从生产军需品转为其他机械生产的公司截然不同[17]"。

表13 各类产品产值（1948年10月—1949年3月）（千日元）

	产品种类	生产产值
铸造类产品	铸铁管	354541
	钢块铸模	125556
	发动机铸造品	60010
	化学机械铸造品	44328
	一般铸造品	93102
	合金铸造品	14266
	铸造品	40264
	其他	5327
	小计	737394
机械类产品	小型石油发动机	287662
	耕耘机械	26520
	衡器	81396
	内燃机	7627
	制水阀门	15883
	卷扬机	47936
	其他	31437
	小计	498461
	合计	1235855

[出自] 久保田铁工所《公司概要》1949年5月，21—22。

如表14所示，第二次世界大战后经济恢复期的久保田铁工所在铸铁管生产方面持续拥有压倒性的市场占有率。1950年久保田铁工所开始能够生产真正意义上的金属型铸铁管，次年在隅田川工厂开始生产金属离心力铸铁管[18]。

表14 各公司铸铁管生产状况（吨）

年度	久保田铁工所	栗本铁工所	东洋精工业	细野铸铁	武藏铸造	九州铸铁管	其他	合计
1946	6543	3517		30			106	10196
1947	15504	6603		116	54	20	526	22823
1948	28575	11348	700	879	447	420	1415	43784
1949	43607	19726	1546	1250	766	692	1461	69048
1950	67663	26906	5004	1768	1099	1003	2160	105603

［出自］《金属》（阿古德出版社）第21卷第12号806页记载"离心力铸造法的铸铁管生产"（1951年12月）。

1951年3月，据《东洋经济新报》报道，久保田铁工所的生产动向为"实业大体分成铸造和机械两个部门，前者的主要产品——铸铁管占全国产量的七成，已经与栗本铁工所分割，能与专门生产铸铁盒的神户铸铁一决高下。机械部门的核心产品石油发动机远远超出其他公司，长久以来一直占据全国首位。但公司的多元化经营均是围绕着被称为'久保田铸造'的铸造产品发展起来的。这种铸造产品的品质保证惠及公司的其他产品，十分有利于销售。并且公司的事业发展模式能够适应和平或战争的任何情况。因此，久保田铁工所与其他几家机械公司相比，第二次世界大战后复产速度快、周期短，业绩稳定。"[19]

权四郎任职顾问董事期间，久保田铁工所坚持以铸铁管和铸造产品为核心的生产体制，产品在各自的领域里面独领风骚。

权四郎成为企业顾问

1982年（昭和五十七年）久保田铁工所第六代社长三野重和就任（1948年入职），他在回忆权四郎时说道："我入职后在财务部工作了三四年。任顾问的老先生不时来公司视察时，偶然见到我打电话向工厂调查不合格产品比率的问题。老先生让秘书提示我的上级说'那个年轻人不了解生产现场才会被糊弄，让他多去工厂学习学习。'……此后不久，老先生还出乎意料地把自家精心栽种的柿子专程送到公司给我。"[20]

此外，1957年9月权四郎在接受记者阿部真之助的访谈中说道："不论如何，现任社长小田原（小田原大造、大阪工商行会副会长）入职我们公司40年以来，真可谓青出于蓝而胜于蓝。……如果让别人来坐社长的位置我还有所担心，但他能够全力贯彻我的设想，就像是我的孩子一样。"[21]权四郎忍受了卸任社长前的种种不愉快之后，作出了上述回应。

1959年11月11日，89岁的权四郎在家中辞世，被授予正五位勋三等旭日中绶章。

注释：

1 关于这次董事会人事调动，1946年6月就任监督职位的牛尾荣次评论说："小田原大造一人长期担任专务董事，而同时就任的田中仅做了2年的常务董事就引退了。此间种种如今难以推测，但不可否认的是一定有什么内情。"牛尾荣次[1967]，《牛尾荣次随心小史》（私藏版），43。

2 竹下百马（1949），《公司的优势》（久保田铁工所），7—8。

3 帝冢山私宅府邸中的西式建筑被大阪军政部征用，成为大阪师团司令部最高责任人穆伦斯的宿舍，权四郎则迁居邻近的和式建筑。据说此后穆伦斯与权四郎关系紧密。引自久保田铁工所编著（1970），《久保田铁工所的80年历程》（同一公司出版），271。

4 小田原大造（1961），"我的履历书"《我的履历书》第16集（日本经济新闻社），126。

5 以上内容摘自《久保田铁工所的80年历程》，323—324。

6 久保田公司简史编写委员会（1990），《百年久保田》（同社），95。

7 1928年（昭和三年）毕业于东京帝国大学，同年入职久保田铁工所（久保田铁工所（1950），《公司债权发行企划书》，5）。

8 持股公司整理委员会证券部业务科"公司调查表"1947年9月20日（亚洲历史资料中心、Ref.A04030119400、国立公文书店）。

9 久保田铁工所，《第33期业务报告书》（昭和二十一年8月11日至昭和二十四年5月31日），79。

10 前文所述《久保田铁工所的80年历程》，277—278。

11 久保田铁工所"企划书"1948年9月20日（亚洲历史资料中心、Ref.A04030119400、国立公文书店）。

12 久保田藤造（1954），"白手起家的工业大亨——久保田权四郎"，实业之日本社编著《事业是如此诞生的——记创业者》（同社），264。

13 同上《久保田铁工所的80年历程》，338。

14 以上内容摘自广庆太郎（1988），大阪府"浪花私塾"编《置身于天真之地》（布雷恩中心），56—57。

15 同上"企划书"。

16 同上《公司债权发行企划书》，10。

17 以上内容摘自久保田铁工所《公司概要》1949年5月13日、18—19日。

18 摘自《金属》第21卷第12号，（阿古德出版社）806页登载的报道"利用离心力铸造法的铸铁管制造"。

19 摘自《东洋经济新报》第2490号（东洋经济新报社）57页登载的报道"确保增幅股息的久保田铁工所"（该刊1951年9月1日发行）。

20 三野重和（1991），"回忆录发行寄语"机械写真排版（企划、编辑）《追思久保田权四郎老先生的遗志》（久保田权四郎老先生像章设计委员会）。

21 摘自《三景周刊》总刊第290号（扶桑社）31页登载的报道"接受阿部真之助的访谈 昨天·今天·明天 久保田权四郎"（本刊发行于1957年9月1日）。

第二部分 论证与考察

实业经营的持续与中断
从个体经营到法人企业的蜕变

I 技术积累过程

产业积累与大阪炮兵工厂

权四郎在大阪府西成郡九条村（现大阪市西区）的黑尾炼钢当学徒工期满后，又在南区御藏迹町（现中央区日本桥）的盐见铸造磨炼技术，并在盐见铸造的附近独立创业。此后迁到了附近高津桥的高津町，再次迁到了南区西关谷町（现浪速区）后又一次搬迁。在西关谷町工厂附近的北高岸町（现浪速区敷津东）增设工厂，接着在1908年（明治四十一年）新设了总工厂。

诚如第一部分所述，九条村、御藏迹町、高津町、西关谷町界隈均为大阪的铸造工厂产业集中地区。权四郎就是在明治时期的大阪产业聚集地一步步成长起来的。

连年成倍增长的机械、铸造工厂的存在是刺激权四郎钻研技术的源泉。与日后成为大阪代表性的机床制造商若山铁工所（新日本机床）的创业者若山泷三郎等人士的交往也拓展了权四郎的眼界。

大阪炮兵工厂的存在是另外一个非常重要的产业积累要素。久保田从赤手空拳的一个普通铸铁匠人，慢慢开始经营一家小型的铸造工厂，期间经历了舞鹤海军守备队异型管订单失败挫折，直到1900年（明治三十三年）得到大阪炮兵工厂的很多启发开发出"连续浇铸法"。

到1902年，大阪炮兵工厂的工人数量高达3120人，此时大阪最大的民间造船厂大阪铁工仅有1623人，列车制造厂只有362人。可见大阪炮兵工厂作为大阪代表性的兵器、机械、金属工厂有着超然的地位[1]。然而，因为是兵工厂，在战争中工人数量急剧增长，和平时期则快速减少。这样的增长与减少使得兵工厂的很多技术人员和工人有机会在兵工厂和民间企业间流通。

对于创业初期的久保田铁工所来说，"从炮兵工厂的有铁管铸造经验工人那里获得了熔模铸造场地和分工批量生产的方法，同时还得到了组合型直接铸造的技法信息。[2]"这些也是久保田铁工所技术飞跃性发展的另一个重要原因。大阪铁工所也从1900年开始生产铸铁管，此后还曾向久保田铁工所派遣铸造工人进行技术研修。

在大阪，曾在炮兵工厂工作过的工人创办的工厂和公司为数不少。可以说，这意味着大阪炮兵工厂作为近代大阪工业的孵化器发挥了重要的作用。

例如，1918年（大正七年）浦江制造公司（1920年更名为日本心轴制造公司）的创业者桑田权平，从1893年（明治二十六年）美国留学归国直到1903年在大阪炮兵工厂工作10年。在大阪炮兵工厂时代，桑田曾负责运往广岛市的铸铁水管质量检查。[3] 此后，桑田又先后在川崎造船、大阪瓦斯等任职。大阪兵工厂的工作经验为日后桑田的创业奠定了坚实的基础[4]。

东洋工业（现为马自达）的奠基人松田重次郎也对大阪炮兵工厂甚为了解。中日甲午战争之后加入大阪炮兵工厂的松田，在战后创业失败，此后又在三菱造船所、佐世保海军工厂、吴海军工厂等工作，在1906年再次入职大阪炮兵工厂。有了这些工作经验之后，松田在1909年（明治四十二年）成立了松田式唧筒（泵——引用者注）合资公司，1913年（大正二年）成立了松田制造公司。并且借着来自俄罗斯雷管订单的东风，松田在1915年10月另建了松田制造股份公司。这家公司在1916年12月成为日本兵器制造公司，接受了俄罗斯雷管订单等兵器生产订单业务。因为与其他公司决策人意见相左，松田辞去了公司职务后回到家乡广岛，再次创建了松田制造所[5]。

大金工业的创业者山田晁也曾在1908年（明治四十一年）

入职大阪炮兵工厂弹壳制造公司。先后在1918年（大正七年）任弹壳工具工厂厂长和弹壳总厂的厂长，1919年离职。此后又在神户铁工所、东洋锉展铜任职，1924年创立了大阪金属工业公司[6]。

第一次世界大战前夕，大阪炮兵工厂的铸铁管生产成为民营企业的威胁，甚至有很多民营铸铁管经营者都希望大阪炮兵工厂能够停产。铸铁管制造五大厂家中的久保田铁工所、栗本铁工所、大阪铁工公司这三家（其他两家为东京坚铁制造公司和釜石矿山田中制造公司）均地处大阪，可以说在生产技术上与大阪炮兵工厂有着千丝万缕的联系。

铸造产业的经验积累和大阪炮兵工厂给予的影响，在这两个技术孵化器的帮助下，久保田铁工所才具备了创业初期的技术基础。

录用学院派技术人员与新技术的开发

权四郎作为明治末期从生产现场成长起来的代表性企业经营者，始终都没有脱离生产现场。即使是在1919年（大正八年）和1927年（昭和二年）海外考察时，权四郎也时刻不忘学习引进铸造和铁管生产的新技术。

1930年权四郎与大阪工业大学教授井口庄之助、京都帝国大学教授大井清一等出席座谈会，并就一贯的技术问题积极发言[7]："看遍了欧美的铸铁管工厂，我觉得他们与本土工厂生产的产品大不相同，从强度上来讲国外是八吨位国内是十吨位，从韧性上来讲倒是国内的更高一筹。""以往的铁管和现如今生产的强力铁管的耐腐蚀性比较就如您现在所见。""普通的铸铁产品一分五厘就可以，因此一向都认为安装管的螺丝安装最为困难。我们生产的铁管没有三分也得有二分了。"在铸铁管生产上，权四郎年过六十还活跃在生产的第一线。

权四郎是彻底的现场主义者，信奉生产问题只有在生产现场才能解决。但是对于没有理论学习经验的权四郎来说，特别是冶金学和机械领域的技术革新、新技术研发等问题渐渐已经超出了他的能力范围。

权四郎的现场主义不足在新技术飞跃性发展时提供足够的支撑，先有片冈帝一这样从生产现场提拔上来的技术人员，后有久保田笃次郎、朝仓乘之辅、村上谦三、田中勘七、金丸喜一这样的学院派技术人员加入公司。金丸回忆起被录用时的场景说："我作为陆军预备将校，穿军服佩长剑，在大阪的高级料理店接受了久保田老先生（此处是指创业者久保田权四郎老先生）的面试，通过面试后，被任命为公司里面的机械技术总长。[8]"1906年（明治三十九年）的第一代技术总长内田初太郎的情况不甚明确,1908年毕业于京都帝国大学理工科机械学科后入职的藏田次郎在久保田工作数年后转去梅钵铁工所工作。录用学院派技术人员的契机之一就是当时第一次世界大战后产业多元化和机械设备多样化发展。即便如此,权四郎依然坚持没有现场经验的技术人员是行不通的,作为技术人员必须先到生产现场锻炼。

直到第二次世界大战时期,久保田铁工所几乎所有的专利,权四郎都既是"专利发明者"又是"专利拥有者"。除权四郎外,还有片冈帝一、金丸喜一、川端俊吾三位专利发明人。

战争期间逐步实现个人发明的"发明法人化"[9],然而久保田铁工所里面关于新技术研发是权四郎的成果,还是职员发明之后向权四郎让渡专利获得奖金,现在无从得知。但是权四郎年过六十还致力于新技术的开发这一点毋庸置疑。

大阪机械制造公司关于专利方面有"让渡"政策。正式文书上有"上述专利拥有者特将此专利让渡于本公司,此后互无瓜葛"字样,表明专利发明者将专利转让给大阪机械器械公司[10]。因此也更想让人了解久保田铁工所内部是如何让渡专利所有权给权四郎的。

当时的纺织工业代表有两家,分别是丰田公司,即丰田式纺织机和丰田自动纺织机制造公司[11]。丰田式纺织机是在三井物产大阪分公司经理藤野龟之助的建议下于1907年(明治四十年)成立的(社长为大阪联合纺织社长谷口房藏)。常务董事技师长丰田佐吉1913年(大正二年)从公司离职,1918年另创建了丰田织机,1926年(大正十五年)更名为丰田自动纺织机制造公司,并任命丰田利三郎(佐吉的女婿)为丰田自动纺织机制造公司的社长、丰田喜一郎(佐吉的长子)为常务董事。

除丰田式纺织机丰田自动纺织机制造公司外,知名的纺织机企业还有远州纺织机、大阪纺织机器械公司、大阪纺织机制造公司、野上式自动纺织机等公司。与其他企业发明几乎都是由个人完成的情况不同,两家丰田公司有丰富的学院派技术人员,而久保田铁工所则是介于丰田公司和其他公司之间的水平。

和权四郎一样,丰田佐吉也是个非常注重生产现场经验的人。在丰田自动纺织机制造公司有一支以佐吉和喜一郎(1920年毕业于东京帝国大学工学部机械专业)为首的技术研发团队[12]。

在久保田铁工所,久保田笃次郎(1912年毕业于大阪高等工业学校机械专业)是能与丰田喜一郎并肩的人物。他为权四郎所赏识,并与其长女静江结婚成了久保田家的女婿。笃次郎在1916年(大正五年)到1921年期间"经手了各种机械工业生产，但还是喜欢原来的铸造产品。……我自己尝试铸造几个燃油汽缸，结果都是废品。因为考虑到磷能够使输油更加流畅，也想过增加磷的用量来减少残次品。幸运的是，这次试验成功了，我的铸造技术也因此得到了认可[13]。"

第二次世界大战前后，笃次郎一直在久保田铁工所担任监事职务。在经历了实用机动车制造的挫折后，他并没能引领久保田铁工所的技术继续发展。这与权四郎最初的期待截然不同。离开久保田铁工所后，笃次郎先后担任日产机动车的常务董事、满洲机床社长、关东工业经理等。

在久保田铁工所，毕业于帝国大学和高等工业学校与毕业于职业工业学校的技术人员不断增多。

根据1929年（昭和四年）的调查结果，大阪府立今宫职业学校毕业生的就业去向依次为自营公司就职57人、久保田铁工所21人、参军11人、大阪炮兵工厂10人、福助袜业10人、火车制造9人。今宫职业学校毗邻船出町工厂，其毕业生就职最多的公司就是久保田铁工所[14]。在1934年这个阶段，久保田铁工所的大学毕业生技术员4人，高等工业学校毕业生18人。而此时的栗本铁工所有大学毕业生4人，高等工业学校毕业生5人。两家公司的学院派技术人员储备还是有相当大差别的[15]。

久保田笃次郎

技术引进

进入20世纪20年代后,权四郎在与铸造产品、铸铁管相关的新技术开发上热情不减,同时也把眼光放到了海外,积极从国外引进新技术。

久保田铁工所最初引进的新技术是权四郎花费了35万日元购买的金属铸造专利。1921年(大正十年),为了将这项专利技术顺利转化成产品,与栗本铁工所和津田胜商店一起成立了专利铸铁管联合公司。

1923年,久保田成功铸造出日本史无前例的小口径离心力铸铁管,但因为没能攻克生产的热处理问题,最终并没走向市场。

把自己购买的专利拿出来与竞争对手栗本铁工所共享并实用化,这种做法在协调竞争对手关系和稳定产品价格上十分有利。

此后在1927年(昭和二年),公司派出两名技术人员陪同权四郎赴海外考察,成功地从德国的兰茨公司购买到珠光体铸造的专利技术。据说当时兰茨公司的技术竞争对手艾默尔公司已经有了艾默尔碳素钢铸造技术,虽然权四郎已经了解并参观了艾默尔公司,但还是不为其推销所动,在兰茨公司尚未报价之前就提出了购买申请[16]。

在1927年访问德国之际,权四郎在曼海姆邮寄给尼崎工厂厂长五岛俊吉的明信片中谈及了自己的感受[17],说道:"我参观了德国23家一流的铸铁工厂,仔细地观察了它们的生产方法。大体上与英国并无差异,但是如果留意的话,会发现在设备和操作上有很多科学的处理方法。此外,这个国家的国民还非常勤劳认真。对比下来,真觉得德国要比英国略胜一筹,有很多值得我们借鉴的地方。"

并且,1934年从美利坚铸造铁管公司引进的砂型铸造技术,以及美国PIPE管业公司引进的金型离心力铸造技术(签约方为隅田川精铁铸造公司）对日后久保田铁工所发展影响深远。

前项技术首先在满洲久保田铸铁管公司试用。在日本，1941年武库川工厂的砂型离心力铸造中型管工厂竣工。此后，在1943年，武库川工厂完成了后项金型离心力铸造管生产技术的建设，但是受到战争的影响没能投放生产，一直拖到了第二次世界大战后才开始使用金型离心力铸造技术生产产品。

当时，久保田铁工所也生产石油发动机。20世纪30年代，柴油内燃机成为公司重要的工业产品，这期间分别采用了从苏尔寿公司、兰茨公司、博施公司引进的新技术。

多元化的产品财富

在挣扎了近10年之后，久保田铁工所已经从机动车制造生产领域撤退。但是生产实用机车的恩加岛工厂对久保田铁工所的机械生产，特别是石油发动机的生产影响颇深。恩加岛工厂开业之初的92台设备机床大部分是从美国进口的，生产的原材料也是从美国进口。

"从大阪炮兵工厂和造船厂等雇用来共计13名优秀的技术人员，分别为铸造3人、淬火1人、机械加工4人、后期加工1人、研磨工厂2人、钣金2人。还从私营工厂招募了一名涂装专家。大阪炮兵工厂因机动车国有化政策之故,非常愿意为他们提供技术人员。"[18] 恩加岛工厂的有利条件在石油发动机生产中意义非凡,积累的机动车精密仪器生产经验为后来生产高品质的石油发动机提供了保障。

小型石油发动机的试产成功后,厂长片冈帝一又开始着手农机装备的改良工作。这都充分体现了久保田铁工所一向注重来自消费者需求的宗旨。

整顿研发机构

1919 年(大正八年),尼崎工厂初设研究室,1931 年(昭和六年)建成配楼并成立研究部。1936 年久保田铁工所的机械部和铸造部也分别成立了研究室。

1940 年的研究所成员包括田中勘七研究部长、河井贞一研究小组长、弥吉正人实验员、助手 6 人、其他人员 7 人等共计 22 人。铸造部的研究内容包括"铸铁箱体研究"(负责人:井本)、"机床铸造产品研究"(负责人:山本)、"铸铁管制造方法研究"(负责人:河井)、"特殊铸铁研究"(负责人:冈本)等等[19]。

1943 年初,船出町工厂下属研究所的机械部(所长片冈帝一)规模如下:年度经费 19.1 万日元,员工 53 人。尼崎工厂下属研究所铸造部（所长田中勘七）的年度经费为19.7万日元，员工27人[20]。同时，1943年久保田铁工所的技术部达到了年度经费25.1万日元，员工中研究员8人、工人93人的规模[21]。这都说明久保田铁工所注重生产现场经验，即便是在第二次世界大战期间也拥有庞大的技术研发机构。此外，1935年新建的满洲久保田铸铁管公司也在1941年5月成立了实验室。主任技师齐藤日露英、实验员2人、分析员2人、显微镜观测1人。1942年满洲久保田铸铁管公司的主要的研发项目为提高铸铁管和一般铸造制品的质量。这个实验室还与久保田铁工所的研究室有合作，总负责人是见须二郎[22]。

与此同时，在久保田铁工所研究所机械部还进行了单杠小型农用柴油机的替代燃料实验。实现结果显示，动物油脂、植物油极有可能作为替代性燃料，同时明确了冬季需要安装燃料预热装置[23]的结论。

注释：

1　泽井实（1990），"机械工业"西川俊作、阿部武司编《产业化的时代 上（日本经济史4）》（岩波书店），221。
2　久保田公司史编撰委员会编，《久保田百年》（同公司出版），17。

3 "广岛市内参事会桑田技师、酬金同酬金详单如下"(亚洲历史资料中心、Ref.C0705821900、陆军省大日记、防卫省防卫研究所)。

4 关于桑田权平的描述参照泽井实(2011),"桑田权平与日本轴承制造所"《大阪大学经济学》第16卷第2号(大阪大学经济学学会・研究生院经济学研究专业)。

5 关于松田的事迹参照松田重太郎[1951],《工厂生活70年》(松井修二郎)。同书内容在畑耕一(1958),《东洋工业和松田重次郎》(东洋工业股份公司)中也有记录。

6 关于山田晁带领下的大阪炮兵工厂和私营企业的关系参照三宅宏司[1993],《大阪炮兵工厂之研究》(思文阁出版),367—395。

7 摘自《工程师》第9卷第7号(都市工学社)24—25、28。同杂志登载报道"铸铁管座谈会",1930年7月发行。

8 牛尾荣次(1976),《牛尾荣次随心小史》(私藏版),293。

9 关于"发明的法人化",参考谷口丰一(1985),"战争期间日本纺织机工业的发展——棉纺织机械工业的研究与开发",《产业经济研究》(久留米大学产业经济研究会)第26卷第1号。

10 同上谷口论文(1985),45—46。

11 关于战争期间的纺织机工业发展,参考泽井实(2015),《机械工业》(日本经营史研究所)第四章第一节"战争前"部分。

12 参照和田一夫、由井常彦(2002),《丰田喜一郎传》(名古屋大学出版会)第四章、第五章。

13 久保田笃次郎(1975),"从高哈姆式三轮车到达特桑"社团法人机动车工业振兴会编《日本汽车工业口述记录》机动车史料系列(二),59—60。

14 泽井实(2013),《近代大阪产业发展——积累与多样化的产物》(有斐阁），113。

15 内天星美（2001），"昭和九年的技术人员分布"，《技术史图书馆季报》第 16 号，20、24。

16 挟间祐行（1940），《瞧，这个人——久保田权四郎传》（山海堂出版部），142—156。

17 久保田权四郎（1927），写给五岛俊吉的明信片。

18 后藤敬义（1975），"达特桑的批量生产与技术革新"，前文摘自《日本机动车工业口述记录集》机动车史料系列（二），75。

19 日本学术振兴会编（1940），《全国考试研究调差机构要览》第三编"工业篇"（同会出版），123。

20 技术院第一部第二科《各部门全国私立研究机构一览（草案）》昭和十八年 2 月 28 日，27。

21 技术院研究动员部《全国公私研究机构一览（年度经费 10 万日元以上）》昭和十九年 10 月（截止到 1943 年 9 月 10 日的调查结果）。

22 国务院总务厅企划处第二部科学审议委员会编（1943），《满洲科学技术要览》（科学审议委员会），173。

23 金丸喜一、高淑人（1938）"单杠小型农用柴油机的一项实验"，《农业机械学会杂志》第 2 卷第 2 号（农业食料工学会事务所）。

II 多元化的理论

机床生产

第一次世界大战爆发后,受到铣铁价格暴涨的影响铸铁管需求有所萎缩。对于久保田铁工所来说,只剩下依靠铸造技术丰富产品种类这一条出路,在诸多产品中久保田铁工所选择了生产机床可谓是明智之举。

久保田铁工所从海军工厂招揽现场经验丰富的技术人员,进口优良机械生产设备,还雇用了一些学院派的技术人员。有了这些有力保障,久保田铁工所的船出町工厂短时间内成为大阪首屈一指的机床生产工厂。

一战期间,想要从作为交战国的德国那里进口机床设备已经是不可能的了。"今年(1915年——引用者注)主要是从美国或者是从英国进口,买不到国产车床,进口车床也比较费力。"[1]在这样的状态下,从美国订购机床运送回国相当耗时,经常延误交货时间。在第一次世界大战期间,外国机床进口就是这样艰难，受到了极大的限制。此时以久保田铁工所为代表的各家公司开始生产机床，虽然生产原材料不足，但营业额持续走高。但是被称为"feast or famine industry"（在繁荣和潦倒之间徘徊的极端产业）的机床工业需求变化是相当大的。

对于号称生产资本的机床需求来说，既有工厂开工比率上升订单多到做不完的时候，也有经济萎缩完全没有订单的情况。这个状况不管是在美国，还是在英国，都是一样的。美国的需求峰值是在1918年（大正七年），机床出厂营业额为2.21亿美元，1921年则萎缩到3600万美元。在英国能够代表国家机床生产水平的制造销售公司是阿尔弗雷特赫伯特公司，1918年的营业额为309万英镑，1921年则急剧减少为96万英镑[2]。

机床需求的急剧变化并没有因为军需有所缓和，反而愈演愈烈。根据华盛顿军需缩减会议精神，海军的机床需求锐减，船舶需求量减少。加之1920年从美国进口的旧船数量增加，导致日本造船厂的订单大幅下降。

其中在第一次世界大战期间大肆鼓吹造船热潮的"川筋"造船厂，在历经了1920年的危机后，迎来了"临时造船厂的河沿已经废弃，尻无川、木津川的沿岸都不成样子。停战引发的经济动摇让工厂接连不断地倒闭，大部分的造船厂都在停业休整，减少生产"[3]，机床工业被迫长期陷入低迷。"华府会议后造船界的萎靡最为严重,接下来就会波及炼钢铸铁工业。倒不是说完全没有机床的新订单,而是机床制造和销售陷入僵局,看不到希望,再次回到战前向各种机械制造转产的极度萎靡状态"[4],各行各业都陷入了长期低迷的僵局。

第一次世界大战期间大阪的机床制造代表企业作山铸铁厂、城东制造厂、安田铸铁厂先后废弃,1928年(昭和三年)若山铸铁厂也倒闭了。久保田铁工所于20年代中期决定停止机床生产。机床业界的五大制造商池贝铸铁厂、大隈铸铁厂、唐津铸铁厂、东京瓦斯电气工业和新潟铸铁厂中,专门生产机床的工厂仅唐津铸铁厂一家,其他几家所占机床生产比例各不相同,但都同时兼有其他生产项目。

即便如此,在多种生产中机床比例所占甚小的东京瓦斯电气工业和新潟铸铁厂在1920年的大萧条中也一直没有放弃生产机床,而久保田铁工所为什么没有和它们采取同样的措施呢?

只是因为一方面东京瓦斯电气工业和新潟铸铁厂在一战期间是日本代表性的综合机械制造公司。另一方面,1920年后铸铁管需求量回暖,以久保田铁工所铸铁管为核心产品兼顾其他各机械生产,其情况便有所不同。对于东京瓦斯电气工业和新潟铸铁厂来说,机床生产是他们多样化生产中的核心产品。

同时，在军需和官需的合作上，东京瓦斯电气工业和新潟铸铁厂虽说整体产量有所减少，但仍继续生产军工厂、铁道部所需机床。而久保田铁工所则完全没有面向军工厂的产品生产。与久保田铁工所一样，在第一次世界大战期间积极促进了机床生产的火车制造公司也在20世纪20年代暂停了普通机床的生产[5]。

石油发动机的生产

从事机动车生产方面的各家公司均寄希望于实用型机动车制造。从20世纪20年代初期开始，久保田铁工所就认为有必要开发新的核心机械产品以取代机床生产。

虽然权四郎自己当初也不是非常积极，但受到贸易公司的极力鼓舞，久保田铁工所开始生产小型石油发动机。应用了铸造技术、生产机动车与机床时摸索出来的机械加工技术，以批量生产为卖点，久保田铁工所的石油发动机快速地打开了销路。当时，农业实验厂从使用者的角度，作为国有机构所提供的援助发挥了重要的作用。

20世纪20年代后期一举打开的小型石油发动机市场，包括中小企业都展开了激烈的价格竞争，各家公司收益率低迷，久保田铁工所也不能幸免。此后，30年代前期的半导体产业，中小微型企业间粗制滥造的竞争，有将具有研发实力的公司排挤掉的趋势。进入 30 年代后期，半导体的产业发展方向转变，垄断型企业已经在竞争中成长发展[6]。与曾陷入价格竞争恶性循环的半导体产业一样，石油发动机制造行业也曾经有过技术发展停滞的现象。

当时，户畑铸造决定退出发动机生产领域，并在 1933 年（昭和八年）将整条生产线出售给久保田铁工所，这件事情影响深远。正如本书第一部分所述，1933 年三菱商社的丰田发动机流通资金为 55 万日元，久保田铁工所机械部门的营业额为 69 万日元。可以说，久保田铁工所接手丰田的发动机对公司的后续发展有着决定性的意义。虽然久保田铁工所离开了机动车生产领域，但从这次决策也不难看出久保田铁工所今后的发展方向。

以机械铸件为主的铸件生产

"久保田铸造公司"不仅在铸铁管生产上首屈一指，在机械铸造、铸模的先进技术支持下其他铸造产品方面也毫不逊色。由于产品的多样化管理，技术风险减小，铸造产品的生产技术不断提高。

恩加岛工厂从 1933 年（昭和八年）到 1937 年间不断扩

建，加强其制造工厂的专业化进程并与其产品和材质同步发展。收购与恩加岛工厂相似的大同铁工所，改造成炼钢厂。在这里进行专业化企业生产，不仅生产普通铸钢，还生产特种钢材。1938年7月合并了隅田川精铁厂后，久保田铁工所更加务实地加强了工厂的专业化生产，不断扩大铸铁管生产规模，提高铸造能力，并于1941年10月完成了武库川工厂砂型离心力铸管厂的建设。

纵向合并的尝试

为实现生产铸铁管、铸造产品原材料铣铁的自给自足，久保田铁工所两度尝试进入炼铁行业，但均以失败告终。第一次世界大战后期1918年（大正七年）9月，因为一直为铁产量不足所苦，久保田铁工所在尼崎工厂附近成立了关西炼铁。炼铁公司成立两个月后第一次世界大战结束，在印度和欧洲大量进口的冲击下，公司失去了市场竞争力于1920年末停业。

第二次的尝试是在中日战争爆发后的1937年（昭和十二年）8月。尼崎铸造公司和久保田铁工所对半出资创办了尼崎制铁。在1941年6月350吨的高炉竣工，但却没能实现权四郎从铣熔阶段直接铸造生产离心力铸铁管的梦想。这是因为尼崎制铁生产的铣铁没有销售直接被国家征收了的缘故。

这样先后两次失败，都是由于第一次世界大战的结束、第二次世界大战时期经济统制严苛所导致。国家利益高于个体企业，在这种经营环境下的尝试失败实在是在所难免。

产品多样化的理论

久保田铁工所一直把铸铁管作为核心产品，受经济萧条影响不大，始终能够保持其优势产品的地位。作为第二支柱机械类产品的选择是个非常重要的课题。在铣铁价格暴涨、购买困难的第一次世界大战期间，久保田铁工所选择了机床生产是非常合理的决断。然而机床需求涨幅变化大，20世纪20年代中叶久保田铁工所曾一度暂停了机床产品的生产。

取代机床产品的机械制品是机动车和石油发动机。久保田铁工所近10年的机动车生产经验，看起来似乎走了很多弯路，但在石油发动机的生产中倾尽所学，在生产铸铁管、其他铸造产品的自主研发、技术引进方向也毫不懈怠。

权四郎的不同凡响之处，在于不仅能够洞察人所未觉的革新技术，选择符合经营环境特点的产品，更有立志扭转局面的坚韧。

相信自己的经验，善于倾听专家的建议，同时尊重来自生产现场和用户的意见，这些都是权四郎独有的优秀经营能力。

从一个铸造匠人成长为经营者,这过程当中权四郎作为绝对决策人,也意识到个人裁决的危害并将其影响降到最低。可以说,权四郎是一位"开明的决裁者。"

注释:

1 摘自大藏省主税局编著[1916],《大正四年外国贸易概览》,725。
2 摘自泽井实[2013],《机床之梦——日本机床工业史》(名古屋大学出版会),426。
3 "木津尻五川两岸的造船厂接连倒闭",《大阪每日新闻》1920年7月23日(神户大学附属图书馆报纸报道文库)。
4 大阪府内务部编著[1914],《大阪府工业概要》(同部),96。
5 火车制造编著[1941],"机床采购机械种类分类一览表"。
6 参照平本厚[2010],《战前日本的电子半导体产业的动力》(Minerva书房)第一章"半导体产业的行程"。

III 劳资关系的发展

工人运动的兴起

1912年（大正元年）8月，以铃木文治为首的工人进修联合团体——友爱会成立。第一次世界大战期间工人供求吃紧，友爱会作为工会组织主张鲜明，急剧扩大了规模，于1919年8月改为大日本工人总同盟友爱会，在1921年10月改称为日本劳动同盟。

1917年爆发俄国革命，1919年成立的国际劳工组织（ILO），给予了友爱会有利的国际环境。1919年友爱会开展工人运动。其诉求内容有获得团体交涉权利和八小时工作制两项。1921年夏，以神户的三菱、川崎两家造船厂为主，大约有30000人参加了史无前例的劳资纠纷，最终以工人一方失败而告终。第一次世界大战以后，迎来了工人运动的高潮，不同于1920年以经济危机引发的工人供过于求的状况，1921年劳资纠纷后工人运动迎来了新的局面。

第一次世界大战以后，工人运动的兴起极大地动摇了当时以"主仆情谊"立足的家族式经营模式。

例如1918年三菱神户造船厂的劳资纠纷，工人主张"公司本供应销售廉价大米，但却欺瞒员工高价出售。不管卖50钱也好，60钱也罢，如能提高我等工资则购买高价大米也无妨。"[1]

要求公司供应低于市场价格的大米作为企业福利或提高工资。这项主张说明工会组织已经意识到矛盾绝不是"主仆情谊"能够解决的，其本质是超出了米价运动的劳资关系。

1920年三菱神户造船厂厂长对合同工人说："公司既然已经雇用了各位任职，……就是相信各位的人品和能力。"并进一步表明态度说："我与诸位一样，都是公司的雇员。"在造船厂厂长的发言当中可以看到，工人运动不仅要求"主仆情谊"还要求"人格平等"，不管是管理人员还是合同工人从本质上来讲都是一样的"被雇用者"[2]。

如本书第一部分所言，久保田铁工所的劳资关系在1919年也备受争议，当年10月便开始实施八小时工作制。但在劳资纠纷中，成为众矢之的的不是权四郎而是工厂厂长和其他的经营管理者。作为"公司主人"的权四郎，比起"主仆情谊"更需要认可工人的人格平等。虽然这对他来说比较困难，但权四郎在事后还是认可了工厂厂长和经营管理者的判断。

从利益冲突型劳动关系向利益协调型劳动关系的转变

八小时工作成为定制后,由经营管理者和工人方面共同派出代表成立工厂委员会,负责协调劳资关系。1919年(大正八年),历经了20年的发展后,军工厂、国有铁道、八幡铸铁厂等工厂都设置了工厂委员会。

与此同时,矿山也与共济会联合设置了劳资沟通机构。1921年4月以后,针对关西地区的团体交涉维权运动私营企业方面的策略是企业联合,拒绝与横向联合的工会进行谈判,并引进了工厂委员会制度。工厂委员会并不是决策机关,而是为劳资双方提供了一个沟通协商的平台。久保田铁工所从1921年9月开始也实施工厂委员会机制,并在委员选举时向员工呼吁要排除"提出不切实际意见的人。"

本着"员工热爱工厂,工厂爱护员工"的原则,久保田铁工所以构建和谐劳资关系为目的建立了工厂委员会。虽然此后也有几起零星的劳资纠纷,但1930年(昭和五年)以后,久保田铁工所的劳资关系一直是和谐稳定的。

小田原大造从尼崎工厂的劳资纠纷处理上获益良多,1927年成为隅田川精铁厂负责人。此后,隅田川精铁厂也走上这样

久保田藤造（左）与小田原大造

大胆的劳资协调路线，再次雇用在前一年的纠纷团队中被解雇的部分员工，积极促进工会的组建。小田原判断说，在组建的工会当中"也能够得到工厂的认可，让每天来发传单的左翼运动分子大跌眼镜，工会成员团结一致形成了左翼的防卫阵营，工厂方面漂亮地战胜了左翼联盟[3]。"

对待工会合法提案的态度

在第二次世界大战前的日本，工会合法提案曾三次上呈议会，但一直未能通过立法议案。1925年（大正十四年）8月18日，由内务省社会局草拟的工会法案全文公之于众。大阪铸铁行业行会会长栗本勇之助针对法案在9月17日发表了《复工会法案意见书》。[4]

栗本勇之助在意见书中提出，希望能够删除（内务省社会局草案）第11条。意见书中表示"工会需要是同一地域同一行业的劳动者所组成的团体"；"工会设立时的审核方法由原先的通知原则更改为认可原则"；"雇用者或其代理人必须加入工会组织，不得以某种理由退出工会，并且不得以脱离工会作为雇用条件[5]"。

针对第一项所提出的具体理由为"工会需要同地域同行业有共同的利益才能够紧密联系，如地域不同、行业不同就会很难统一，交流不便"。

第二点中的认可原则是因为"就日本国情来说认可原则最为合适……世间多有动机不纯的职业工人运动者，为防患于未然，要保障普通劳动者权益，应健全工会机制，期待其发挥积极作用。同时，工会如触及法令制度时也有必要取消其资格"。

此外，"既然公布了劳动法肯定了工会的合法性，得到了国家的认可。资本家或企业经营者也应顺应大势，那么就应该顺应这个形势"。因此提出了删除具有黄权契约嫌疑的第11条。

权四郎等工厂委员会成员基于自身的丰富经验,作为大阪铸铁行会成员提出了以上构想,然而这份法案最终没能通过立法议案。

注释:

1 摘自中西洋(1977),"第一次世界大战前后的劳资关系——以三菱神户造船厂的纠纷历史为中心",隅谷三喜男编著《日本劳资关系史论》(东京大学出版会),114。
2 以上内容摘自前述中西论文[1977],114。
3 小田原大造(1962),"我的履历书",《我的履历书》第16集(日本经济报社),109。
4 以下内容摘自大阪铸铁行会会长栗本勇之助《复工会法案意见书》大正十四年9月17日(亚洲历史资料中心、Ref.C0805133220、海军省公文备考、防卫省防卫研究所)。
5 摘自劳动省编(1961),《劳动行政史》第一卷(劳动法令协会),422。

IV 关西企业进驻中国

九一八事变的冲击

1931年（昭和六年）9月18日在中国东北爆发了九一八事变，成为政治格局变化的转折点。当月25日，在大阪日华经济协会召开了紧急常务理事会议[1]。

东京的日华实业协会，大阪的日华经济协会均有参会。这些地处大阪周边，与中国有业务往来的实业家们推举谷口房藏为首任会长，喜多又藏为副会长。当月28日12个团体聚集到大阪工商会议所，以大阪对华经济联盟的名义要求确保在华企业权益，并要求针对中国政府的抗日运动立即戒严。

九一八事变之前就曾有人对中日两国的紧张关系表示担忧。东京海上火灾保险专务董事，自由贸易倡导者著名的平生钊三郎[2]（1933年就任川崎造船厂厂长）在1931年9月15日与内阁总秘书长川崎卓吉、大藏大臣井上准之助会谈，从他们那里获得了日本陆军的动向。

井上感叹说："非议日本陆军说如入无人之境者真是不知世间疾苦，现如今的无政府状态才是真正值得担忧的。[3]"事变爆发后，平生也深忧未来的发展趋势，说道："我方陆军专横肆意的行动终将陷国民于恐慌，恐怕难以平复民怨。"（9月22日）。平生的态度在11月发生了变化，在当月11日大阪工商会议所召开的"参与九一八事件实地调查的参议院议员众人"报告会中，有人汇报了"反日、排日、侮日、抗日"的状况，并阐述说："若不在此时打击，那些中国人会更加诬蔑日本，将在中国东北无立锥之地，不仅如此，或许还会提出返还台湾，要求朝鲜独立。"

听到这些后的平生感叹说"真是字字珠玑"。同时，在听到了东京商科大学教授上田贞次郎提出的反对占据中国东北和蒙古的倡议时，平生回答说"这种想法太危险了，赶快放弃吧。会危及你的生命的。"12月16日，在款待拓务次官堀切善次郎的宴会上，平生认为只要国际上提倡保护主义的话，日本就会受到生存威胁，因此日本"应致力于扩张领土、扩大 free trading（自由贸易）的范围。"

栗本勇之助的对华态度

1932年（昭和七年）4月28日，大阪朝日报社主办方召开中国东北考察座谈会。权四郎虽然没有参会，但如第一部分所述参加了满蒙派遣团（团长栗本勇之助）的大阪工业会成员各自发表了自己的考察感想。

团长栗本勇之助强调了中国东北作为燃料提供地的重要意义，他说："如果没有廉价的抚顺煤炭，就没有日本现在的产业革命成果。燃料越便宜对日本工业发展越有利，这样才能有克服关税堡垒进军海外市场的能力。"

接着栗本主张优先考虑开发中国东北地区的原料和燃料行业，"我本着建立日本与中国东北的经济共同体的想法参加了考察，但现在实现这个设想还为时过早。如果现在目标得以实现，日本将与中国东北经济共死。我们应该摒弃构建经济共同体的空想，积极推进把中国东北建设成理想国的计划。但是作为投资对象，除了铁与煤炭，目前为止并未考虑其他方面。"

此后，栗本自己多次提及"满蒙经营论"，"从日本对待'满洲国'的政策来看，将来从名义上和从实际上都会成为支撑日本国民经济的生命线，这点毋庸置疑。因此，期待'满洲国'能够健全地发展，并且时刻与日本保持完全的信任关系，这是绝对必要的。"[4] 同时，"满蒙开发不可否认是日本的生命线，也是提高亚洲经济生活水平，促进亚洲和平的重要发展阶段。"栗本所持观点的前提是"没能正确意识到'满洲国'的重要性的人只是认为满蒙开发作为日本生命线,需要满足日本国内的单方私利。这些人只是单纯至极地认为'满洲国'是日本的满洲,不需要考虑日本要为满洲做什么。但是九一八事变之后,让人意识到满洲的3000万民众的利益必须和保持日本的国防线、生命线目标相一致。"[5]

但是基于长期考虑,栗本对满蒙开发的现实性论点为:"满蒙开发的前途堪忧,难题甚多。至少需要30—50年的规划建设。今后会有许多日本人迁居满蒙生儿育女,这些孩子作为二代移民安居乐业之后,日本的满蒙经营才能就绪。[6]"

当然栗本持有这样的观点时,柳条湖事件的真相尚未披露。埃德加·斯诺在他的处女作中所述"庄严地宣布基于'3000万民众的意愿''满洲国'独立之日,其首都是日本军的管辖地,溥仪此后的即位之日,也是在日本军队的掌握之中。新政就任仪式是非公开的,只不过日方顾问挑选了200人出席"。[7]栗本并不了解这个情况。

久保田权四郎的中国东北经济观

权四郎参加了1932年(昭和七年)4月大阪工业会派遣的满蒙考察团,对满洲经济有着直观的印象。

一方面"本次视察的满蒙之地,的确有着非常丰富的资源,但却是个落后的农业地区。虽然现如今就谈及工业开发尚属过早，但对工业资源开发，土地开发等有助于工业发展的各项生产却是必不可少的。特别是在铸铁产品方面作用甚笃。"另一方面权四郎呼吁："虽然铁和煤炭资源丰富，但价格不菲，如何降低价格将是一个有待解决的重要问题。现如今的'满洲国'，对于一直深受满铁庇佑的日本国人来说打破了南满的局限，将以全'满洲国'为舞台发展日本的工业，从这个角度讲满蒙的确是日本的生命线。"

值得注意的是这是权四郎基于自身经验，结合日本近代的工业发展轨迹对满洲经济现状做出的解读。据权四郎说"本次考查满洲经济现状时，我不由回顾起日本近代铁工业的发展，一时百感交集难以自拔。日本明治中期的铁工业建设尚属起步阶段，生产条件恶劣，技术拙劣，出口高级铁制品根本无望。国内需求因为国民购买力低下，批量生产无望，均是家庭小作坊式兼顾维修机器的经营状态。都是靠着经营者的吃苦耐劳才有了今天的工业发展局面，……其中辛苦一言难尽。那个时候劳资同进退，虽然方法拙劣却能专心致志。统观全国人口不过3000万，和现在的满洲人口相当。能够取得上述成就实属不易。"

权四郎主张说："现如今日本铁工业发展受限，即使是优秀企业也不乏倒闭的情况,技术人员和工人失业问题严重,期待进军满蒙能够成为挽救国内工业发展的良药。"

权四郎还提倡说:"不适合大量生产普通机床,这对于出口来说成本不合理。莫不如生产日本国内需要的简单机械和修理普通机床作为过渡生产的目标。……现在生产过剩的日本铸铁机床设备,应与日本工业互补发展实现共荣共辱。成功的关键就要看现在的'满洲国'民众能否像当初明治中期的日本人那样勤奋了。"想要基于当时的工业发展阶段性差异,构建完美的日满经济互补模式[8]。

在第一部分中,曾提及这一时期权四郎利用"满洲国"价廉丰富的铣铁和劳动力进行铸铁生产,获得了开拓亚洲市场的资本。但是为了获取廉价丰富的铣铁,就必须建设基础设施,权四郎判断将会大量需要铸铁水管。基于这个构想,1935年12月满洲久保田铁工所正式成立。

当初在进军中国市场上持谨慎态度的栗本铁工所态度也有所转变。栗本勇之助在1931年、1932年、1936年、1939年四次来到中国考察。太平洋战争爆发之前的1941年10月,还在抚顺成立了栗本铸铁工厂,1943年在朝鲜仁川收购了朝鲜炼钢厂,1944年4月又成立了朝鲜栗本铁工所[9]。

住友财阀投资中国东北

1934年（昭和九年）9月，满洲住友钢管有限公司在奉天市（今沈阳市）附近的鞍山开业，成为住友合资公司的下属企业[10]。住友伸铜钢管投资12万股、住友合资公司投资8万股，旨在把昭和炼钢厂的圆钢铸造发展为无缝钢管生产。

在九一八事变后的1932年2月，住友电缆制造厂主管小畑忠良[11]、住友合资公司常务理事川田顺住来到满洲，与"拒绝财阀"的呼声相左，受到了关东军的热烈欢迎[12]。当年8月关东军参谋长兼特务部长小矶国昭否定了"拒绝财阀"观点，积极招揽来自日本方面的投资。

1933年10月，小畑与住友伸铜钢管公司的专务董事古田俊之助再次来到满洲考察，并在1934年7月携同住友伸铜钢管公司的常务董事春日宏来到满洲，积极筹备组建公司。即刻在鞍山建设工厂、改造了一部分伸铜钢管尼崎工厂的设备，运送到鞍山的工厂，在1935年10月完成了厂建工作。

久保田铁工所在1933年开始也屡次派人去现场考察，并于1935年7月开始着手建设工厂[13]。如前文所述，满洲久保田铸铁管公司的成立受到了满铁和昭和炼钢厂的鼓舞颇多，住友财阀在"满洲国"的投资也是意义深远。

注释:

1 以下内容摘自石井宽治（2012）《日本帝国主义的对外战略》（名古屋大学出版会），230—231。关于财阀对九一八事变的对策，参考同书第7章"日本资产阶级对九一八事变应对政策"。

2 平生在1890年（明治二十三年）毕业于高等商业学校（现一桥大学），1894年入职东京海上保险公司。1917年（大正六年）成为该公司专务董事，作为甲南学院的创始人，致力于港口购买行会的创建。1933年（昭和八年）就任川崎造船厂厂长一职，主导了这家公司的重组再建。1936年在广田弘毅内阁任文部大臣，1937年成为日本铸铁会长，1941年成为钢铁统治会会长，1942年就任重要产业统治团体协议会会长。平生作为大阪自由通商协会常务理事主张自由贸易，九一八事变成为平生重大转变的契机。

3 以下内容引自泷口刚（2014）"自由通商运动和九一八事变"《阪大法学》第64卷第3、4号（大阪大学法学会），803、805、808—811。原材料为甲南大学所藏《平生钊三郎日记》。

4 以下内容摘自"大阪工业行会诸位如何看待满洲"，《大阪朝日新闻》，1932年5月3日、8日。

5 以上内容摘自栗本勇之助（1932）"基于我国国民经济的满蒙经营论"，大阪工业行会编《工业》第76号（大阪工业会），1、3、6。

6 同上报道2页。

7 埃德加·斯诺（1987），《远东战线》尾谷善久译（筑摩书房），189。

8 以上内容摘自久保田权四郎（1932），"关于满蒙的铁工业"前文所述《工业》第71号，67—69。

9 栗本铁工所编（2010），《栗本铁工所 百年纪念刊》（同所），55—

60。

10 以下内容摘自山本一雄（2010），《住友总公司发展史》上卷（京都大学学术出版会），1061—1066。

11 小畑中良的哥哥英良（最高官阶为陆军大将。先后任职驻英武官、参谋总部部长、航空军司令官等）、弟弟信良（最高官阶为陆军中将。先后任职驻美武官、缅甸军参谋长等）均为陆军军人。忠良说："我与军人的关系很好，并不像其他的企业家那样对军人有诸多的顾虑。"摘自安藤良雄编著（1971），《昭和政治经济史证词》中卷（每日新闻社），117。

12 小畑证实说"川田擅长与人相处，从不得罪军人。因此与小矶（小矶国昭——引用者注）等住友公司的高层领导关系不错。……此后与住友的其他人也相交甚笃，自然比别人近水楼台先得月"（出处同前注119）。

13 市川重三郎（1941），"回顾公司草创的5年"，竹下百马、猪股昌孝编《庆祝久保田铁工所创业50周年纪念志·满洲久保田铸铁管股份公司创立5周年纪念志》（久保田铁工所总务部文书科），13。

V 家族经营模式与专业企业管理人

专业企业管理者与企业所有者共存——三井财阀

第二次世界大战后,江户英雄[1]在三井集团重组过程中发挥了重要作用。他1927年(昭和二年)毕业于东京帝国大学法学部,同年就职于三井合名公司,第二次世界大战前和战争期间一直在三井财阀的总公司任职。

据江户所说,三井合名全股控股的三井物产、三井矿山、东神仓库每周召开董事会,这三家直属企业的重要决策都上会讨论,得到董事会的认可后方能执行。

理事会决策的文件除社长之外先后还需要业务执行员工的印章,三井元之助(伊皿子)和三井源右卫门(新町)曾任这一职位。文书科长及代理文书科长偶尔脱不开身的时候,江户就需要直接拜访三井源右卫门的府邸。江户回忆说,那个时候"坐着人力车去,因为科长提前提醒说一定要在'门前下车',所以在门前下车走到大门口。……像我这样的普通员工是不可能亲手把文件递交给公司主人三井家的，要拜托管家代为转交盖章。我则始终待在门房见不到主人的面。在等候的时候，会有漂亮的用人端来茶和点心，即便是在军需计划分配的时候点心也也有五个。根据来客身份不同端出来的点心也不一样，如果是科长或者代理科长的话会是长崎蛋糕或者羊羹"。[2]

他又继续回忆道："三井先生也需要再请示的'上级''主人'，也有不能裁决的时候。……这就需要确认询问说'上级不在，暂时放在这里吗？'但茨城小农村走出来的我，因不好意思询问吃了不少苦头。""三井的11家员工总会原则上在每年的决算期会举行两次例会。在主楼的最尽头有'员工室'……此外还有'家族包房'（继承人室），后者是有浴缸的房间。"[3]

1932年3月5日，三井合名公司的理事长被血盟团的菱沼五郎设计暗杀。此后三井银行常务董事池田成彬（日后的日本银行总裁、大藏大臣兼工商大臣）就任第一常务理事。池田成为三井财阀实际意义上的统帅，他开始大胆地实施"财阀转变"的改革方案。

首先捐赠3000万日元组建三井报恩会，大力支持社会事业和文化事业。接下来池田把三井家任职于三家直属公司（银行、物产、矿山）的社长或者董事撤职。甚至把直属公司的股东奖金减半，被称物产公司"金头脑"的安川雄之助社长辞职，公司董事开始实行退休制度。池田自身也遵守退休制度,在1935年5月辞去了第一常务理事的职务。

与三井家族的相处问题一直困扰着池田。江户证明说"(三井家——引用者注)11家主人中不乏聪慧之人,迄今为止的无声抗议处理起来颇为棘手。……如何应对三井家是让池田非常棘手的难题。我曾见过有一位三井家的人在池田房间里拍桌子逼问的场面。三井家是主人,是企业的拥有者,即便是对掌控大局的池田也是直呼其名。[4]"

说起20年代末的三井财阀和三井家族与三井银行、三井物产、三井矿山、东神仓库等直属公司之间,还隔着一个既是持股公司又是财阀总公司的三井合名公司。可以说财阀把家族意向传达给其他各公司,同时发挥堡垒作用的特殊存在。[5]因此,公司所有者与专业经营者之间的关系微妙,这在1930年代的三井财阀就已经初露端倪。

专业企业管理者与企业所有者共存——久保田铁工所

久保田铁工所算不上财阀,也不曾成立过财阀总公司之类的持股公司。权四郎作为企业的"主人"是绝对的拥有者,这样公司拥有者的家属亲人与企业经营者之间的关系甚难相处。

表15是从久保田铁工所的股东名单(截止到1941年4

月末）筛选出姓久保田的股东名单。虽然不能说全员都是久保田家族的成员，但从权四郎往下，持一千股以上的股东达到12人（合计持股180435股），占总数48万股当中的38.4%。当时，久保田铁工所的股东总数为1093人，除久保田一族外持1000股以上的股东共计33人，其中住友金属工业专务董事春日宏住持股最多，为42600股。

《我的履历书》中小田原大造谈起对久保田一族的印象时指出，久保田一族虽已克制，但还是非常严厉的。当然，这是指小田原的一面之词，久保田一族并未对此做出解释。他回忆道："即便是老板家的小姐来了，我们这些公司里的普通员工，也得把小姐的鞋规规矩矩地摆放好。""久保田老先生是我的恩人，我不会说他的坏话。但他年轻时候是从旧式资本主义的环境中成长起来的，和我们在想法上还是有着很大差异的，这一点我是知道的。"[6]从其言谈之中可以一窥小田原与权四郎以及久保田一族之间的各种瓜葛。

在隅田川精铁厂小田原的提议下，1938年权四郎把牛尾荣次召回大阪。1940年股票上市，据说权四郎想"和自己的儿子与自己提拔的员工一起发展事业"。[7]这一时期的权四郎把事业内容多样化发展作为协调企业拥有者和经营者的基本手段，并打算以这样的集团指导体制发展下去。

表15 久保田姓股东一览表

姓名	出生地	股票数量
久保田权四郎	大阪	83640
久保田静一	兵库	29000
久保田藤造	东京	22600
久保田笃次郎	同上	13200
久保田信博	大阪	11320
久保田末忠	同上	6320
久保田静江	东京	5400
久保田千代子	大阪	4380
久保田美纪	同上	3890
久保田瑞穗	东京	2200
久保田丰	同上	1200
久保田繁次郎	同上	1200
久保田晴子	兵库	400
久保田福美子	同上	400
久保田千代	东京	400
久保田阳一郎	同上	200
久保田喜代子	同上	200
久保田嘉雄	德岛	50
久保田芳治	东京	50
久保田英太郎	大阪	50
久保田重松	新潟	50
合计		186150
总计（1093人）		480000

[出自] 久保田铁工所《第21期股东名单》（昭和十六年4月末止）。

尼崎工厂的劳资纠纷，隅田川精铁厂重建，一战后的工人势力的强大使得劳资关系再次紧张起来。为解决这一问题，小田原大造曾在报道中说："我不是资本家，我也是每个月领工资的，和普通员工出身相同，只不过是带着自己的兄弟姐妹和亲戚一起做点事业，我和员工的心灵是相通的。"[8]

与权四郎这样的经营者不同，小田原一方面以自己是专业经营者为傲，另一方面明显感觉到他作为专业经营者在向新的"共同体经营"倾斜。

随着企业规模的扩大，事业内容多样化发展，个体经营和家族式经营如何自我改进，向着资产所有者法人化方向发展呢？这不是久保田铁工所一家的困扰，是所有在不断成长中的个人经营企业和家族式企业所共同面临的问题。

注释：

1. 江户英雄曾在三井财阀的总公司和持股公司——三井合名公司不动产科、文书科等任职。1940年（昭和十五年）设置了三井总管体制，他成为其中的总务次长。战后负责三井总公司的清算业务，三井家产的估算整理。占领期间竭力保全三井的商号和商标，并在之后的三井重建过程中发挥了重要作用。宇田川胜[2011]"第12章 从财阀解体到战后企业集团的行程——江户英雄（三井集团）"，宇田川胜、生岛淳编《向企业家学习日本经营史——从话题和案例谈起》（有斐阁），170—171。
2. 江户英雄（1994），《三井的过往70年》（朝日新闻社），76—77。
3. 同上，78。
4. 同上，92。
5. "家人·家族（例如三井家同族会）和总公司（例如三井合名公司或

三井总公司）的关系为'家人·家族封锁的拥有·支配受到制度的约束'。这成为对企业拥有者的一种制约，同样的事情也存在于总公司和企业公司之间。这是财阀总公司、财阀直系企业的稳定股东的作用。"正是如此，在橘川武郎（1996）《日本的企业集团——财阀的继承与毁灭》(有斐阁) 92页中所述观点变得十分重要。

6 以上内容摘自小田原大造 [1962]，"我的履历书"，《我的履历书》第16集（日本经济新闻社），99、121。

7 牛尾荣次（1976），《牛尾荣次随心小史》(私藏版)，87。

8 摘自船伏美浓雄（1952），"小田原大造半生足迹"，《实业日本》1952年10月号（实业日本社），94。

VI 企业管理的变化

产业报国会运动

如第一部分所述,即使是在有八小时工作制、工厂委员会制度等先进的劳资关系的久保田铁工所,为了稳定劳资关系在20世纪30年代也发生过几次劳资纠纷。

在第二次世界大战时期,产业报国会构建了劳资关系的基本框架。久保田铁工所尼崎工厂在1939年(昭和十四年)11月28日成立了产业报国会。权四郎任名誉会长,会长田中勘七郎,副会长山本光男,从公司和工人双方共20名委员[1]。委员的任命有会长指名推荐和过半数员工推荐两种方式。田中会长公布1942年度的工作目标为:(1)减少缺勤,(2)提高人均产量[2],慷慨激昂地表达了自己的信念:"很遗憾,在日美的生产大战当中,我们的人均产量远远不及美国。我相信我们的产业战士在手工熟练程度和头脑灵活程度上并不逊色,只是生产设备不及对方,我们的生产现场就是战场,相信我们会以拼死奋斗的精神凌驾于美国之上。"

产业报国会的座谈机构有班常会、队常会、部队座谈会、总座谈会四个层级。最底层的班常会上"经常被误解成是座谈机构的决议机关而在会上进行决议,想让大家了解班常会的作用是上传下达,并不具有表决权"。[3]

工厂委员会曾经被作为横向抵抗工会的机构,第二次世界大战时期又在工厂委员会的基础上建立了产业报国会,公司所设想的座谈机构的主旨始终没能得到贯彻。

第一次总座谈会(1941年12月11日召开)的讨论事项如下:"一、加强家庭邻保制度","二、年末志愿义捐募集","三、为国防提供资金","四、祈祷战争胜利","五、提交产业报国会战争后方服务决议","六、修改上班时间"。[4]

工会组织的存在

1946年(昭和二十一年)2月,久保田铁工所工会联合会作为工会在全公司的统筹机构应运而生了。此后如下文所述,在相关企业久保田第二铁工所劳资关系紧张,同时围绕工会的发展路线,工会之间也存在对立关系。

在久保田第二铁工所,1946年4月和1947年4月发生了两次劳资纠纷事件。据权四郎的描述,第一次纠纷事件"昭和二十一年4月23日上午11点左右,我在总公司的社长室,听到若江(久保田第二铁工所——引用者注)的近200名参与纠纷的员工吵吵嚷嚷地闯入公司。我刚把通往专务室的门把手按下去,他们就从社长室的北窗看到了。一边喊着社长在这呢,一边硬往里面闯。不得已我又坐了回去,这时候又拉来了专务小田原大造和几名他的部下与我一起并肩坐着。……我说我和久保田第二铁工所没什么关系让我回去吧,待在我旁边的共产党员说不能让你回去。……下午7点左右我说我觉得很不舒服,再待下去命就没了。那个共产党员也没同意让我回家。[5]"

就这样虽然被迫承诺给工人增加两倍工资,但久保田第二铁工所还是在1949年11月关门停产了。

1949年3月17日发行的久保田铁工所堺工厂工会《运动方针(草案)》中写道:"所谓健全的工会,一言以蔽之是要有自主性、民主性、责任性的工会。工会的所有事务应不受到外界的支配和干涉。也就是说,如果被工厂左右的话就成了资本家的御用工会,成为政府政党的工会就完全没有自主性可言。"他们控诉说:"如果工会允许进行政党的俱乐部活动(进行招揽党员的宣传,组织党员活动——引用者注),我们的工会就是在不知不觉地朝着政党的方向发展,待我们发现时已经无法回头了。过去的久保田第二铁工所(若江工厂)的劳资纠纷就是前车之鉴。现在若江的各位兄弟苦于现状却无计可施。前几天已经从各产业工会（全日本各产业工会会议——引用者注）中退出，转而加入了与我们一样的总同盟。我们应该避免重蹈覆辙，必须排除政党的俱乐部活动。"[6]

现在想来正如第一部分所述，1921年（大正十年）"创立工厂委员会，期待诸位的成长进步。秉承谦虚互助的精神逐步发展，对于大家来说工厂是人性化的工厂，员工是优秀的员工"。公司明确表明"应排除持有不切实际意见的人。总同盟所属久保田铁工所堺工厂工会也极力排除各产业工会的影响。"

1949年（昭和二十四年）5月发行的久保田铁工所《公司概要》中"昭和二十一年4月久保田事件被刊登在报纸上，一时之间舆论哗然。非常容易被人误解成为与总公司工会有千丝万缕的联系，实际上二者并无关系。总公司工会加入了总同盟，致力于健全机制融洽劳资关系，决计不会参与任何纠纷事件。……应确信将来虽然不免会有小争议，但公司在劳资一体这一点上是坚定不移的"。[7]对于解决这个战后的劳资纠纷悬案，展现出了极大的信心。

20世纪50年代初期的企业管理

将秉承协调主义的工会纳入企业统一管理的一员，是在企业所有者家族退出管理舞台，专业经营者和工会互相信赖的前提下，达成的互相监督长期协议。

经营者极力避免解雇员工，工会需要对经营者有充分的信任。这种劳资关系加上股东、金融机构等利益相关者等，形成了20世纪50年代的企业管理模式。

久保田静一退任社长后，工会组织和金融机构更是提出了更高要求。小田原大造作为双方都认可的"合格"人选，成为长期执政的负责人。

注释：

1 以下内容摘自久保田铁工所尼崎工厂产业报国会编（1942）《事业收揽》第3号3—4。
2 同上，14。
3 同上，22。
4 同上，23—24。
5 摘自最高法院事务局刑事部第一科编（1948），《劳资纠纷案件审判集》（三芳书房）130—131。
6 久保田铁工所堺工厂工会教育委员会宣传班《运动方针（草案）》（久保田铁工所堺工厂工会《工会报告书》收录）昭和二十四年3月17日。
7 摘自久保田铁工所《公司概要》1949年5月，6—7。

第三部分　走近权四郎

权四郎的"实业之路"
——其发言及注解

I 经营观

放眼海外市场

久保田铁工所的核心产品是政府部门和地方政府所需的铸铁水管,因为长期在铸铁管制造业独占鳌头,加以自身产业化发展,促使权四郎居安思危,很早就开始关注海外出口,以弥补内需不足。

在第一部分已经讲过,1908年(明治四十一年)以后,久保田铸铁管将南满铁路、镇海海军财务部也收入囊中,做好了进军中国市场的准备。此外,1920年后半年,久保田开始探索向东南亚国家出口铸铁管和石油发动机,其中铸铁管的销售成果斐然。

进入20世纪30年代后,久保田的铸铁管开始出口荷兰、挪威、墨西哥、埃及等国家。为了打破国际标准的壁垒,需要负担很高的成本。由此可以看出久保田铁工所作为铸铁管、石油发动机的制造商,想要出口产品的坚定信念。

但是，铸铁管需要根据施工方的要求调整规格，这无形当中增加了生产成本。比如，1936年（昭和十一年），中国济南市政府计划在商业码头铺设自来水管道而进行的国际招标。[1]

这项工程前期由西门子公司负责，在样品说明书中明确指定需要使用德国先进的引拔钢管。日本方面也同时有三菱商事的日本钢管、三井物产和久保田铁工所联合投标。久保田铁工所的产品不符合样品说明书中的规格要求，结果只有三菱商事一家入围。在国际上入围的公司里面，三菱商事的报价最低，中标之后向西门子公司申请降价5万元。三菱商事的强势作风奏效，一举获得了全部工程的施工权。

石油发动机方面，久保田发动机的总代理店是杉山商店。在朝鲜、中国东北、中国华北和华南地区共有16处销售点，久保田发动机在中国内陆市场的品牌为"铁牛"。

在九一八事变之后，其他生产发动机的公司因为受到日元贬值的影响将产品销往东南亚。1935年泰明商会向巴达维亚（雅加达）出口了接近50台石油发动机。[2] 重工业产品出口有很多限制，第二次世界大战前，久保田铁工所尝试拓展东亚、东南亚市场的积极态度非常突出。

对改革关税的建言

在明治末期的铸铁管关税修正案中,基本上实现了权四郎等人主张的根据国内生产发展关系进程调整关税的建议。

此后,在1926年(大正十五年)的关税改革中,铸铁管行业意见一致,反对提高铸铁管的主要原材料铣铁的关税。而1932年(昭和七年)的关税改革,提高铣铁关税的决策,对经历了昭和危机而疲惫不堪的制铣企业来说有很大的救助意义。

权四郎作为铸铁管行业的制造商和大阪铁工业行会的会长,始终站在铣铁消费者的立场上,坚持反对提高铣铁关税。

铣铁关税上涨讨论的焦点之一就是关税上涨后对铣铁涨价的影响程度。权四郎分析了价格形成的诸多要素,阐述进口铣铁的技术必要性,担心使用高价进口铣铁会造成铸铁管价格上涨。

权四郎以这样的立场在1928年发表了如下言论[3]。

"使用印度铣铁可以制造出高质量的产品,无论如何都需要这样的原材料,即便是进价上涨,也需要使用一部分进口原料。

以我的经验来讲,使用日本的国产铣铁(取代印度铣铁)成本更高。如果使用国产铣铁,需调整生产设备。众所周知,国产铣铁硅含量高，为了生产出合格产品，更新设备在所难免，会造成生产成本暴涨的局面。"

1930年12月，由权四郎和大阪铁商工业行会会长吉左卫门执笔，提交了反对钢铁关税上调的请愿书。如下文所述，主要阐述了钢铁价格上涨对机械工业、铁制品工业的巨大影响。

"钢铁关税上涨会给机械器具、建筑材料等铁制品行业带来致命的打击，将会使这个已经疲软的行业陷于万劫不复之地。今天我们作为铁工业制品制造行业生产商，极力呼吁降低生产成本，扩大国内外市场。所幸我国物价低廉，钢铁制品及钢材出口有望。如果贸然提高钢铁关税，则将钢铁出口之梦想付诸东流，将来也难以让铁制品走出国门，销往海外。[4]"

但是，权四郎他们这次的意见没能被采纳，1932年日本还是提高了铣铁的进出口关税。

权四郎对铣铁采购价格的执着

铣铁作为生产原料占据了铸铁管和机械制品成本的大半。特别是铸铁管生产中，可以说铣铁价格直接决定了产品的价格。对于权四郎来说，经营铁工所的秘诀就是确保铣铁的物美价廉。

1918年（大正七年）入职久保田铁工所，1946年（昭和二十一年）负责监察管理的牛尾荣次证实如下[5]。

铣铁单价是决定企业命运的关键点。到昭和二十四年（久保田老先生退居二线）为止，久保田老先生一直掌握铣铁购买权，顽固且毫不委托他人也是可以理解的。

不管拥有多么注重生产现场，并且能够克服各种现场困难的技术人员，决定产品价格的还是铣铁采购权。这一点所有经营者都不能放手，不仅要满足稳定的国内需求，更要积极拓展海外市场，可以说，在这几点上权四郎都做得非常完美。

注释：

1. 摘自三菱商事有限公司主编（1958），《立业贸易录》（同社），278—279。
2. "国产石油发动机在南洋市场上击败美国产品　近期出口活跃"，《中外商业新报》1935年6月15日(神户大学附属图书馆报纸报道文库)。
3. 大阪铸铁工业行会《反对钢铁关税上调请愿概要》，昭和三年1月12日（亚洲历史资料中心、Ref.A08071606200、国立公文书馆），7。
4. 大阪铸铁工业行会会长久保田权四郎、大阪铁工商行会会长岸本吉左卫门共同起草请愿书，昭和五年12月（亚洲历史资料中心、Ref.B080622268000、外务省外交史料馆）。
5. 牛尾荣次（1976），《牛尾荣次随心小史》（私藏版），57。

II 人生·事业观与实业宏图

权四郎谈"实业之路"

在《实业日本》(1936年10月)刊登的报道中,权四郎回顾了迄今为止的创业轨迹,说了下面一番话[1]。

"我对工作,不论轻重缓急都是物尽其用,尽心钻研。所以我感恩工作,对工作兴致满满,不管是多么辛苦的工作,我一点都不觉得辛苦。"

权四郎这样的介绍,记者总结道:"没有学历,没有资金,没有名气,为克服这些现状苦学的人,在审视了久保田老先生半生的经历后,也觉得自己应该奋起努力。"[2] 从战争一触即发到战争期间,权四郎通过各种各样的媒体宣传成为广为人知的刻苦勤劳典范。本书序言中介绍的两部传记也是在此期间刊发的。

1937年(昭和十二年)3月8日,大阪中央广播电台开始播放题为权四郎的"实业之路"的广播节目[3]。在节目开始,权四郎问道："对于想要立志投身实业的人来说什么是最重要的呢？"并断言说应该是"不管是什么，都应该有马上行动的精神"。权四郎确信"这个'一定成功'的决心，是不管是你从事实业还是其他什么行业最为重要的分界点"。

接着权四郎回顾了自己的学徒时代。

"也曾为没能做出最为重要的见习成果灰心丧气，从师傅和前辈的言谈举止、行为呼吸中自己觉察到的东西，有时会突然迸发出来。或者是周末的时候蹓进工厂悄悄模仿他们，做出类似的东西。稍稍熟悉了之后，就被允许帮忙。稍微有点偏差，就是不得了的事情，会挨揍被踢。与其说是严格还莫不如说是残酷更为贴切。

传统的教导既注重精神教育也注重实操练习，必须手眼协调，片刻不能马虎地跟着师傅。说是秘诀也好说是精髓也罢，这些都是传统教导方式的核心。总的来说，文明的发展带来的边界使入行变得容易。也会有容易厌倦，依赖别人难以自立的弊端。然而以往的实业之路，需要自己琢磨克服困难拓宽道路，在这个过程当中自然而然地产生兴趣，有成就感就不会有任何的不满和怨言。"

在明治的学徒制度下成长起来的权四郎，讲述了自己的经验和心得。

"只要有坚定的信念就没有做不成的事情。困难有多大，成就就有多大。在工作中发现乐趣，就再不会自怨自艾有所不满。这是成功的前兆。

"从心理上，需要有坚韧的毅力，通过努力掌握成功关键，当回顾过去问心无愧时，成功的大门已经向你打开。

"最后想和你们说的是健康的重要性。如果没有健康，所有事情都难以实行。自己想要创业独立经营，或者在别的公司工作，有健康的体魄和坚韧的毅力者毋庸置疑，一定会受到成功的眷顾。"

权四郎的演讲通俗易懂，十分容易理解。没有学历的权四郎通过经验所获得的经验和信念，让和他一样从现场发展起来的经营者更容易领会。

通俗易懂并不是说信念观薄弱。寥寥数言的人生信条就能激励很多人奋发图强。纵览日本企业史上的无数先例，权四郎就是这样一员。与同为铸铁管业界的领袖，发表了诸多言论的栗本勇之助形成了鲜明对比。

特别是权四郎的这句"一切皆有可能，这也是工作的乐趣所在，就算是大学毕业生也会屈居人下"激励了很多经营者。植根于生产现场的权四郎，让学院派技术人员到生产现场，并希望他们积累经验运用到今后的工作当中。"现场至上"是权四郎经营理念的集中体现。

权四郎最后总结实业发展之路说:"个人认为勤勉之道能够造出物美价廉的产品,公司要向社会积极推广、薄利多销,让买方满意才能共存与发展,重德义守信用才是互相扶持之道。"

1940年(昭和十五年)11月13日,大阪中央广播电台"家庭时间"节目组以权四郎"我的健康法则"为题进行了演讲转播[4]。

其中提及"我的信仰就是参拜各路神佛,前些年利用休息日巡拜了各处皇陵,55年中每月不落地坚持去生驹山参拜。"

然后说道"健康也好,体力也好,都是自己的精力的体现。即便身体孱弱,只要对所负责的工作感兴趣,能够集中精力解决问题,就能受到健康的眷顾。现在很多年轻人恐怕很难接受我的想法。至少在目前,我所考虑的东西并不能说明我所想就是错的。"这说明权四郎已然意识到与年轻人之间的代沟,委婉地概括说明了自己观点的正确性。

1941年(昭和十六年)2月13日的广播中,权四郎以"享受工作是健康快乐之源"为题进行了演讲[5]。

权四郎开篇说道:"我对于工作信念首先就是全身心投入忘我工作,也就是说要全副身心投入到工作中去。"反复强调多年来的主张:"干劲十足快乐地工作就不觉得辛苦,对工作感兴趣,提高效率,发展技术,然后就会有好的发明。"

权四郎相信生产现场,并不是流于文字言辞的人。他的信念简明扼要。权四郎从这份信念中获得了力量,这才有了之后的久保田铁工所。

据小田原大造描述,"从权四郎的经历中不难看出,他是一个坚信自身努力可以冲破一切难关,坚持用实力说话的人","是一位拥有强烈的社会正义观和优秀的发明创造才能,兼备强烈的事业心的大人物"。同时他也是"资本主义环境中成长起来的"企业家[6]。

比权四郎小22岁的小田原大造,对当时普通员工,虽与权四郎的想法不尽相同,但也认权四郎是高山仰止般的存在。另一方面,小田原也在不断缩短与企业"拥有者"权四郎的实践和业绩差距。

1925年(大正十四年)久保田铁工所新设了衡器部门,作为部门第一责任人的高木义一之后回忆说,当时权四郎只说了一句"人有的时候做点傻事也无妨"。他便从权四郎的话里领会到"人总是很难摆脱自我,如果看不到别人的话,就会一直沉浸在自己的标准里面"的真谛。[7]

在1940年(昭和十五年)10月19日举行的久保田铁工所股份公司成立50周年庆典的开场上,权四郎回顾了1890

权四郎（右）和小田原大造

年（明治二十三年）开业之初的情景："大家普遍不太了解铸铁行业，甚至持有轻视态度。我们虽然资金匮乏但坚持守信，在经营上煞费苦心克服困难。"[8]

这样不服输地向不平等待遇抗争的精神，无疑成为权四郎发展的原动力。

正如横山源之助在《日本的底层社会》中描述的那样，明治时期的工人和职员是底层社会的一员[9]。第一次世界大战中的劳动者们回顾了自己的经验。[10]

"在大家都非常开心地去中学上学的时候，为什么只有我这么凄惨地必须来公司上班呢？今天在路上遇见了往日的朋友……都已经不再聊得来了。我该怎么办呢？朋友们都在社会上安身立命了。我却被讥笑，难道就只能成为一个累得半死却不能过上好生活的职员吗？真想就这样离开工厂，去上学。"

松泽弘阳说，工人的"拘谨"让社会上的人们轻视的同时还有些恐惧。堂而皇之地说"车夫马夫工人之流"，还通用地吓唬孩子说"'你们再不努力学习，早晚成为某某公司的泥水工人''再哭的话某某工人就来带你走了哈。'"[11]

兵藤钊分析了从明治时期到大正时期劳资关系的发展，日俄战争后大公司的工人开始脱离底层社会，并在第一次世界大战之后彻底脱离了底层社会。[12]

虽是寥寥数语，正是这样糟糕的境遇才支撑了权四郎积极的反抗是不争的事实。

在久保田铁工所创业50周年纪念典礼当日，天气晴朗，权四郎在一众名士面前讲起了半个世纪前的回忆。

现如今权四郎已经拥有包含满洲久保田铸铁管、尼崎铸铁工厂、日本铸铁管在内，合计注册资金6900万日元的事业。他在致辞中说道："常常'想要做出饱含诚意的产品，想要实现产品的商业价值'，此两点是我全身心工作的目标。这是我的天职。抑或是说想通过行业为国家做贡献，我才废寝忘食地工作到今天。"[13]

身边人眼中的权四郎

牛尾荣次生于1904年（明治三十七年），第一次世界大战期间的1918年（大正七年）1月，13岁的牛尾进入久保田铁工所工作。1927年（昭和二年）2月开始任职隅田川精铁厂经理职务，工作期间得到权四郎的青睐。1933年4月牛尾开始担任久保田铁工所总店经理助理职务，第二次世界大战后的1946年6月就任监察，1948年1月任常务董事[14]。

第二次世界大战后，牛尾在很多场合追忆了权四郎："在知人善任方面久保田权四郎老先生堪称第一，然后是小田原先生。……'我（权四郎——引用者注）小学没毕业，但却能发明出铁管立浇铸造等方法。想了解美国的引擎也是直接叫来技术人员，听他们讲解，看他们的图纸然后试验，全程都是自己在指挥，之后就获得了专利。'……（他）用人不疑，知人善任，真的是非常了不起的人物。"

然后牛尾说了有关权四郎爱好的趣闻[15]。在前面所说的公司创业50周年纪念庆典上，提供给来宾的套餐，"先从好几家有名的料理店拿到样品，让权四郎社长自己品尝对比后，选择了其中一种，说'就要和这种一样的，但是要找个更便宜的店'"。

同时，在第二次世界大战期间，在给自己居住的城市赠送消防泵时，"公司里面的材料科负责人匆忙出门采购。等汇报的时候，老先生没说'辛苦了'，反而先问起'你讲价了没有？'"关于权四郎的这种言行，牛尾对他评价道"也有和身边人发生的这类逸事——我觉得这样挺好。'公司主人'也罢'社长'也好，大都是坐在大大的转椅上，就算心里面想问'你讲价了吗'？也会犹豫不问，像这样心无旁骛地询问才是真正的了不起[16]"。

川端俊吾（1929年入职）评价权四郎对设备投资的积极态度时说："从大正到昭和初期，这一阶段的实业家们有一种不管什么都是囤积越多越好的风潮。不趋同与这种风潮，（权四郎）这边在做事业在储备。之后大部分的盈利都再次投到生产线了。勇于投资设施、更新工厂设备，（权四郎）是个非常勇敢的人。"

后来的堺工厂厂长柳生种治郎（1935年入职）评价说："上班和权四郎社长打招呼时，突然之间被委以重任，让我负责把企业从乡镇模式向现代化工厂转型。"[17] 柳生受命之后的三个月内完成了月产600台的飞跃。

权四郎与中川怀春

在这想说说权四郎和中川怀春多年的交往历史。中川作为松下冷机社长、松下电器产业的副社长,与松下幸之助有着深厚渊源,从昭和初期开始与权四郎关系密切[18]。

中川生于1907年(明治四十年)大阪市谷町街道一个铁商家庭,是父亲中川怀太郎的长子。他在成器商业学校退学后,经父亲推荐在生产机床的平尾铸铁厂学习机械构造。1932年(昭和七年)在父亲朋友的介绍下,与住在堺市的金田元三郎的长女元惠结婚。婚后的怀春因为金田家与权四郎的姻亲关系,与权四郎慢慢熟识起来。

中川在结婚时把家业尽数让给了姐夫,他开始关注美国产机床进口业务。中川在权四郎介绍下联系了三菱商事纽约分店,并于1933年10月第一次去了美国。

在三菱商事的介绍下,中川开始接触到底特律和辛辛那提的机械工厂,并开始了日本国内大量需求的旧机床设备进口业务。1935年中川第三次到美国的时候,已经在三菱商事纽约分店有了一席之地,到1937年第五次访美的时候已经是公司的副代理人了。

中日战争爆发后,1937年10月,在谷町机械商的中山龟太郎和沟口齿轮公司沟口良吉资助下,中川成立了机床商社——三精机械。由于战争期间对机床生产和流通的控制严格,美国产机床的进口更是艰难,中川决定从商社向制造业转型。

中川的这个决定，不仅得到了权四郎的认可，更是得到了商业知己东洋工业松田重太郎的全面支持。1939年2月，中川在久保田铁工所的资金援助下，在布施市（现东大阪市）高井田成立了中川机械有限公司。

公司的发起人有中川怀春、久保田静一、须山令三、五岛伊作、酒井荣三（久保田铁工所人员）、梅本悦三、梅本建二（静一的妻弟）共七人。

公司生产的机种主要是曲柄电动直连型牛头刨床。1939年5月第一台机器在万众瞩目中完工，其生产所需铸铁均来自于久保田铁工所。同年11月，与三菱商事签署了直接销售合同，资金方面由三菱商事负责[19]。在权四郎的庇护下，中川从做进口美国旧机床业务的商社发展为中川机械，一步步顺利发展。可以说，权四郎是中川进入机床行业的领路人，是他的授业恩师。

1941年7月，中川机械的注册资金增长到200万日元。次年11月的精密机械统治会考察部调查结果显示"相关公司中川机械会长一职由专务（久保田铁工所——引用者注）久保田静一任，公司的40000只股票中有18700只都掌握在久保田家族手中。[20]"但是中川机械编《中川三十年历程》中，并没有说静一出任会长一事，只是记载了增资到达200万日元，候中川专务董事（这个时候还没采取股份制度）升任社长。所以，静一出任会长职务很可能是非公开性质的。

权四郎和久保田家族与中川怀春的交往一直持续到了第二次世界大战后。战争期间，与日产机动车中的关东工业（1949年关闭）和宇都宫工厂均有往来。当时从日产派来的社长就是久保田笃次郎。战争结束后关东工业倒闭，公司里面的技术团队转移到笃次郎任董事和制造部长的中川机械，开始进行电冰箱的生产。

因为批量生产的计划延期，笃次郎和关东工业的很多技术人员，在1946年12月离开了中川机械。接下来以久保田铁工所堺工厂的青年学校为基地，成立了旭日产业有限公司（现在的久保田精密机械），计划继续生产电冰箱。

这支技术能力超群的团队之后接受了权四郎生产农用机械的建议，并完成了样机的制作。旭日产业公司在1947年5月更名为旭日产业，此后不久作为久保田公司的下属企业蓬勃发展。[21]

1947年1月末，久保田静一、梅本建二、酒井荣三、久保田藤造等久保田的股东们遵照权四郎的承诺，退出了中川机械。次年2月中川机械进驻军用冷库生产，并形成规模，日后成为公司的核心产品[22]。

权四郎对中川说"如果有生产与大众生活密切相关产品的机会，绝对不要错过"。中川觉得制冷产品的生产就是绝佳的机会。但是，中川机械没有能力建立自己的销售渠道。1951年8月，在中川机械公司内部进行了为期三天的大讨论，研究是否需要与松下电器进行企业联合。大家众说纷纭，最后还是中川拍板决定与松下电器进行企业联合。久保田铁工所公开断绝和中川机械的关系后，权四郎作为个人一直支持着中川，并担任中川和松下电器合作的中间人[23]。中川与权四郎一起访问松下电器，与松下幸之助会面，提出了希望生产面向国内的家用电冰箱，并将销售权交给松下的诉求。幸之助在二三十分钟的会面时间内就接受了中川的请求，在8月5日两家公司交换了合同照会。紧接下来第二年的1月31日，第二次交换照会，松下电器拥有了中川机械半数的股票并根据公司需求派遣董事。

中川机械在1953年8月更名为中川电机，1972年11月定名为松下冷机，2008年并入松下电器。

松下幸之助谈权四郎

松下幸之助与权四郎从什么时候开始熟识已经不能详考，但二人关系一直交好。[24]在《国有商店》第3卷第2号（1949

年2月)"商人训"专栏中,松下引用了久保田权四郎的话,说"有激情就一定会成功"。[25]

权四郎去世后的两年半,即1962年(昭和三十七年)5月,松下幸之助在久保田铁工所的销售研修会议上回忆起权四郎时说道:"久保田先生自身已经是销售名人,贵公司本身也已经是销售人才济济一堂。我想要说的也仅此而已。"[26]然后开始讲述他们之间的一些故事。

第一次世界大战初期,幸之助还是大阪电气的一名工人。在久保田铁工所总厂(之后的船出町工厂)负责架设电线的工程时,他就非常感慨于工厂的庞大规模。那个时候的印象非常强烈,幸之助回忆说:"久保田先生作为一名实业家是我的老前辈,久保田铁工所也是我憧憬和奋斗的目标。""大家都是久保田老先生的直系弟子,而我只能算是旁系弟子。""虽然是我的老前辈,却与我有着相似的经历和成长之路,都是从年轻的时候一路奋斗过来的。久保田老先生从最初的小工厂开始创业,直到有了今天的久保田公司。"并评价说久保田是像"师父"一样的存在[27]。

权四郎比松下幸之助年长24岁,是从明治后期到昭和时期迅速发展的久保田铁工所的"主人"。他是幸之助和他之后所有怀揣雄心壮志的年轻企业家的楷模,是活生生的创业榜样。

日刊工业报社编《现代工业人名鉴》（1941年发行）中有2494名经营者的简历。其中大阪府、京都府和兵库县的创业型机械工业经营者（包含机械相关商社、批发经营商128人）478人，他们的创业平均年龄如表16所示。

表16 各创业时期创业类型及创业者年龄（人、岁）

创业时期	制造商		商社与批发商		合计	
	人数	平均创业年龄	人数	平均创业年龄	人数	平均创业年龄
1890—1913	22	25.5	6	27.0	28	25.9
1914—1919	40	26.5	22	27.5	62	26.9
1920—1924	59	30.1	22	28.1	81	29.5
1925—1929	81	30.4	23	30.0	104	30.3
1930—1934	63	34.0	25	33.4	88	33.8
1935—1940	85	38.7	30	35.9	115	38.0
合计	350	32.3	128	31.1	478	32.0

[出自] 泽井实[2013]，《近代大阪产业发展——积累与多样化的产物》（有斐阁），102，1940、1941年调查结果。大阪府、京都府和兵库县的创业型机械工业经营者如表所示。

478人中权四郎、幸之助、椿本说三、早川德次、天辻晋太郎等著名的创业型经营者赫然在列。如表16所示，制造商和批发商的平均创业年龄都有所上升，第一次世界大战期间和1930年比较起来，制造商经营者的平均年龄提高了12岁，商社和批发商经营者的平均年龄提高了大约8岁。

权四郎独立创业是在他 19 岁的 1890 年（明治二十三年）。而幸之助创办松下器具厂则是在他 23 岁的 1918 年（大正七年）。从表 16 可以看出，权四郎和幸之助的创业年龄在各自的时间段都低于平均年龄。

这样的创业榜样的出现推动了独立创业的发展，成为近代日本经济发展的源泉。明治时期的权四郎、大正时期的幸之助、昭和时期的怀春，无一不是给予后世深远影响的创业先驱，使实业发展的家谱得以传承。权四郎就这样成了 Captains of industry（产业界的领袖们）中的第一代翘楚。

注释：

1 安宿政一（1936），"从铸造工厂的学徒工成长为大阪工业界巨头的久保田铁工所社长久保田权四郎先生"，《实业日本》第 39 卷第 19 号（实业日本社）83。

2 同上。

3 以下内容摘自竹下百马、猪股昌孝编（1941）《（庆祝久保田铁工所创业 50 周年纪念志），满洲久保田铸铁管股份公司创立 5 周年纪念志》（久保田铁工所总务部文书科）的附录《广播讲演集（久保田权四郎）》1 所收 "讲述实业之路（1937 年 3 月 8 日广播记录）"。

4 同上，(附录)所收 "我的健康法则（1940 年 11 月 13 日广播记录）"。

5 同上，(附录)所收 "享受工作是健康高效之源（1941 年 2 月 23 日广播记录）"。

6 小田原大造（1962），"我的履历书"，《我的履历书》第16集（日本经济报社），101、111、121。

7 高木义一（1941），"如是我闻"，上述《庆祝久保田铁工所创业50周年纪念志·满洲久保田铸铁管股份公司创立5周年纪念志》，17。

8 同上，26页所收录"社长讲话"。

9 参照横山源之助（1949），《日本的底层社会》（岩波文库）。

10 福田龙雄（1917），"少年的工厂生活问题（二）"，《劳动及产业》5月号（友爱会总部）。松泽弘阳（1973），《日本社会主义思想》（筑摩书房），123。

11 同上，《日本社会主义思想》，126。

12 兵藤剑（1971），《日本劳资关系的发展》（东京大学出版会）。

13 摘自上述《庆祝久保田铁工所创业50周年纪念志·满洲久保田铸铁管股份公司创立5周年纪念志》27页收录"社长讲话"。

14 牛尾荣次（1967），《牛尾荣次随心小史》（私藏版），448—449。

15 同上，442。

16 同上，295。

17 同上，297。

18 以下内容摘自中川电机编（1969），《中川30年历程》（同公司出版），2—30、65。

19 关于战争期间中川机械的动向，参考泽井实（2013），《近代大阪产业发展——积累与多样化的产物》（有斐阁），179—184。

20 生驹俊太郎"久保田铁工所股份公司调查"，昭和十七年11月25日（收录在精密机械统治会《财务调查》中）。同时，这项财务调查是收录在精密机械统治会《兼业调查报告集》收录材料（版印）的手写原稿，记述了关于久保田对这家公司的掌控情况，在之后版印时有所删减。

21　久保田铁工所编（1970），《久保田铁工所的80年历程》（同公司出版），298。

22　以下内容摘自前述《中川30年历程》，65—67、97—99以及松下冷机编（1989），《松下冷机50年历程》（同公司出版），95—96。

23　权四郎关于原住友总公司总理事古田俊之助评价说"古田先生是一位真正的住友人，判断事情极其慎重从不轻易许诺。而且，想起了前年（1951年——引用者注）夏季的时候，在一次座谈当中得到他非常中肯的热心指教。"摘自古田俊之助追思录编撰委员会（1954），《古田俊之助先生追思录》（同会出版）154。1951年夏季"座谈会"的内容并没有明确记载，大约是古田先生向幸之助推荐中川机械，促进其和松下电器产业的合作的事情吧。

24　松下幸之助（2001），《松下幸之助　怀揣梦想》（日经商务文库），64。

25　摘自《国有商店》第3卷第2号（国有商店出版社）23页记录"商人训"。本刊1949年2月1日发行。

26　以下内容摘自PHP综合研究所研究总部"松下幸之助发言级集"，编撰室编（1991），《松下幸之助发言集》第6卷（PHP研究所），41—47。

27　同上，41—42、47。

III 技术与技术人员观

通过技能培养提高技术与技术人员观

权四郎从台秤铸造、日用品铸造、机械铸造,最初从工人开始一点点磨炼技术,最后才进入到铸铁管铸造领域。

他说:"最近采用所谓年季制度的工厂有所减少,学徒工年龄从 16、17 岁直到适龄均有在列。16、17 岁开始见习,到了合适的年龄能够正式工作的话,就能掌握从制造铸模到给铸模注入铣铁的全部工作内容,成为一名合格的工人。就其培养方法而言,最开始是筛砂,一边在工厂里面打杂,一边看别人铸模工作,先掌握这些知识。一年后开始在前辈的指导下铸造最小最简单的铸模,熟悉之后慢慢向大型的复杂的铸模过渡。然后是学习铣铁注入的操作,大约需要三四年才能基本掌握。[1]"这是 20 世纪 30 年代中期东京机械铸造行业培训技术的基本方法。

权四郎当学徒工的时候,是在比这早半个世纪的大阪。他是这样谈起自己学习技术的第一步的[2]。

"好不容易成为铸铁店的小学徒工,想着要是能够成为一名铸造师傅就好了。结果每天被支使来支使去,很少交给我工作上的东西。偶尔让我打扫一下工作间都高兴半天,因为这样就能进去看看工作现场。也曾为没能做出最为重要的见习成果而灰心丧气。从师傅和前辈的言谈举止,甚至是呼吸行为中自己慢慢摸索到的东西,有时会突然迸发出来。或是周末的时候偷偷溜进工厂悄悄模仿他们,还会做出类似的东西来。"

即便是进入到20世纪30年代后,权四郎也一直没有脱离生产现场,一直认为生产现场才是技术发展的源泉,才是解决问题的地方。权四郎还认为"技术人员无论如何也要体验生产现场,不作为工人积累经验,就不可能成为优秀的技术人员"。[3]因此,他也希望那些学院派的技术人员也去体验生产现场。

和权四郎一起去海外出差的人员,第一次是久保田笃次郎,第二次是田中勘七和小林义彦。在引进海外新技术,接纳新技术的时候权四郎还是非常尊重技术人员意见的。

权四郎的技术观念,一方面要倡导大家接受现场生产的锻炼,培养刻苦勤勉的品质,另一方面也反对一叶障目,认为有必要听取技术人员对新技术的理解和想法。可以说如果没有这个灵活的技术观念，久保田的铸铁管制造事业也不会有可持续性的技术发展。

权四郎的技术观念里面彻底贯穿着两点：现场主义和考虑现场主义局限。必须认识到权四郎多次提到的现场主义第一和现场主义局限的辩证关系。

同时，权四郎说道："工业发展势必会带来分工细化，工人各司其职的局面。越是专业化发展越是容易有新的发明创造。人们常说日本人善于模仿而拙于创造，我倒认为日本人发明创造才能并不逊于外国人，只不过是还没有良好的发明环境而已。"[4] 权四郎依据自身经验注意到发明的前提是需要分工细化和专业化，表明了自己的发明观和技术观。

权四郎并未把这些指示形成文书[5]，全部都是口头指令后，亲自敦促实行。关于他这样精力充沛的逸事也有好几个。

"他坐夜车去东京出差，结束了白天满满的工作行程之后再坐夜车回到大阪，早上还能准时上班"。

直到权四郎过世之后，1964年（昭和三十九年）的东海道干线开业之前，在久保田铁工所公司上下都在实行这个"夜车往返主义"。

关于研发

权四郎曾经发表过关于研发的珍贵演讲：[6]

"发明和改良是非常困难的事情。如果把发明和改良的价值比作一百，其中的想法和设想大约占20%或30%，剩下的70%—80%是把这些想法付诸实践。……不管是多么好的想法，把它具体实践不是一件容易的事情。这需要一点一滴的努力和坚忍不拔的毅力，需要真正身心投入、废寝忘食地埋头苦干。……即使把发明所需的金钱、时间和计划给了某个人，也会因这样那样的原因以失败告终，这是因为没有全身心投入的缘故。所以，自己积极思考之后获得的想法才是自己的成果。"

明治以来，权四郎基于自身的经验研究开发和商品化等，认为将设想具体化并付诸实践是一条漫长的道路，最开始的设想只占到20%、30%而已。同时对于出身学校的学院派技术人员，权四郎也总是在工作和研究开发上给予他们诸多关心和帮助。

从学校毕业的年轻人习惯根据自己所学理论进行推断，但只有这些是不够的。如果总是囿于理论，反而是束缚，就像井底之蛙。探索自我，超越自我是非常有必要的。

对学院派技术人员的过高期待和高等教育束缚了他们的眼界，这样的现实需要理性对待。这说明权四郎对待教育的立场也是非常灵活的。[7]

权四郎一生都在坚持自己的观点，一是基于自身经验和对学校教育的尊敬，二是希望让毕业生得到锻炼，让他们在生产现场学会灵活和创造。不同于培养了自己的生产现场派，更希望引进更高层次的学校毕业生。换句话说既要发挥科学技术的作用，又要具体生产的现场经验，这一直是权四郎作为一名非凡的经营者的核心所在。

注释：

1　职业介绍事业协会编（1937），《日本职业大系Ⅴ工业篇二》（同会出版），137—138。

2　竹下百马、猪股昌孝编（1941）《庆祝久保田铁工所创业50周年纪念志·满洲久保田铸铁管股份公司创立5周年纪念志》（久保田铁工所总务部文书科）的附录《广播讲演集（久保田权四郎）》1所收录"讲述实业之路（1937年3月8日广播记录）"，2。

3　朝仓乘之辅（1941），"在我入职时公司和社长所采取的推广战略"，同上《庆祝久保田铁工所创业50周年纪念志·满洲久保田铸铁管股份公司创立5周年纪念志》，50。

4　上野卓尔编（1919），"铸铁工业的成功　久保田权四郎先生"，《我们的前辈》（春秋社），34。

5　以下内容摘自《水道公论》编辑部（1968），"近代上下水道——历史上的巨人们（11）生产铁管的久保田权四郎",《水道公论》第4卷第12号（日本水道报社），27。

6 久保田铁工所,《社报》1941年3月第5月收录社长逸事"独创能力与专研之心"。

7 久保田权四郎叙述，吉田祯男编（1989）"畅谈今昔"久保田股份有限公司人事部编《创业期的久保田与权四郎老先生》（同部），89。

Ⅳ 故乡情结

社会贡献

作为社会事业投资之一,权四郎创办并经营私立德行寻常小学。1911年(明治四十四年)权四郎与其他合伙人一同创办了私立德行寻常小学。难波警署署长天野时三郎是一位非常关注贫民问题的人物,权四郎在与他商量之后,租借房屋开设夜校,给孩子们提供学习的场所。

一直到1922年(大正十一年),权四郎都在亲自管理着这所小学。同年,应大阪市要求设置了储备金,之后并入大阪市教育部,就是此后的德风勤劳学校。[1]

1926年2月,权四郎作为实业功臣受到了大阪府知事的表彰,其发明设想受到帝国发明协会表彰,他的兵器制造受到陆军大臣表彰。1928年(昭和三年)11月,因为多年生产瓦斯铁管和铸铁水管,被授予绿绶褒奖奖章。[2]

此外,截止到1935年,权四郎先后在大阪度量衡协会、大阪铸铁工业行会[3]的第三代会长、大阪工业会理事、商工中心会评审员、土地协会评审员、大阪工业协会理事、大阪工业研究会理事、帝冢山学院理事、日本度量衡协会理事、顾问协会理事、大阪府产业调查员等担任要职。

大阪铸铁工业行会成为权四郎在业界活跃的舞台。1924年(大正十三年)末,各部门行会成员与工人数量如表17所示。铸造工人数量仅次于机械部,而高于当时已经不景气的造船行业。

表17 大阪铸铁工业行会成员与工人数量(1924年末)

部门	行会成员(人)	工人数量(人)
机械	541	15073
铸造	106	4425
锻造	150	2345
制罐	37	547
造船	5	3810
木模	94	280
钉螺	76	721
合金铸造	29	187
合计	1038	27388

[出自]大阪铸铁工业行会会长栗本勇之助"复工会法案意见书",大正十四年9月17日(亚洲历史资料中心、Ref.C0805133220、海军省公文备考、防卫省防卫研究所)。

权四郎一直都在为社会事业做贡献。1939年(昭和十四年)11月大阪帝国大学产业科学研究所成立,创业资金为52.3万日元，政府出资 25 万日元，民间募集 17.3 万日元。

在 1939 年末权四郎向产学研究团体——产业科学研究协会（财团法人）捐赠 50 万日元经费[4]。这笔经费用于 1941 年制造冶金部门的创建，该部门主要是负责铸造产品的研发与生产。[5]

思乡之情

权四郎时刻思念着家乡，为报效乡里不仅常年从家乡招募员工，还为家乡大滨村投资建设。

1913 年（大正二年），权四郎提供捐助资金用于寻常小学和高等学科的并校[6]。大滨村的寻常小学在 1917 年"原本是征收学费的，但因实业家久保田先生每年三百日元的捐助，停止征收学费，奖励入学。学童就学率提高，上学出勤率提高，高达到 98%"[7]，在全国范围内作为模范村进行宣传。

此后权四郎不断地资助故乡的公共事业。

主要有 1921 年的外浦、镜浦的平田道路维修；1923 年的大滨、中庄的沿海道路建设；1927 年（昭和二年）的中庄、重井道路铺设；1928 年的大滨小学讲堂和敬老院建设；1936 年的见性寺山门建设；1939 年和 1940 年的西港填海造陆、防潮水堤坝、添河道路、久保田桥梁（第一—第四）的建设等[8]。

久保田老先生纪念公园铜像

大滨村填海湾道路建设纪念碑

齐岛神社的颂德碑

权四郎对家乡的资金援助远远不止于此，他还给艺术协会、御调郡教育会、神社寺院资金等等捐助了很多。1923年（大正十二年）4月22日大滨村村长河野勇赠予权四郎的感谢信中写道"修缮神社寺庙，村中新建设施等均仰仗于您。特别是您对姻亲之深情厚谊世人艳羡。"[9]

战争时期，权四郎对家乡的思念之情更是溢于言表，他这样说道：[10]

"为家乡尽力，义不容辞。虽早年离开故土，但生我养我的故乡之恩永世不忘。此份心意略表对家乡的思念之情。略尽绵力，不胜惭愧。"

权四郎的墓地就在他的家乡因岛大滨町的见性寺内。在这里可以看到权四郎年幼时上学的小学和濑户内海的多岛海。权四郎热爱故乡，为乡亲提供了诸多的就业机会，为家乡的发展提供人力、物力，把这里作为他的安息之地是再合适不过的了。

以超乎常人的努力最终出人头地的权四郎，是近代日本少有的实力派实业家，即便是故去也要落叶归根。

在权四郎故去33周年之际，为歌颂权四郎的功绩，追思他的遗德，1991年（平成3年）11月，因岛市立大滨小学久保田先生纪念园内，大滨市民为权四郎竖起了半身像。

在1993年11月，并在此后每年都在大滨町的齐岛神社为权四郎举办颂德祭祀。

注释：

1. 参照挟间祐行（1940），《瞧，这个人——久保田权四郎传》（山海堂出版部），204—223。
2. 以下内容摘自大阪府知事官房编（1932），"久保田权四郎"《钦定褒奖录》（同知事官房出版），以及大阪府知事官房编（1935），"铸铁管制造技术改良的功臣——久保田权四郎"《实业功臣倾心谈》（同知事官房出版），244。
3. 1917年设立的大阪铸铁工业行会第一任会长是栗本勇之助，权四郎是第二部长（铸造部）。摘自1917年12月5日发行的《铸铁造船时报》第2卷第12号（铸铁造船时报社）第7页登载新闻"大阪铸铁工业行会长创立总会"。第二任会长是有光丑太郎，权四郎时任副会长。摘自大阪铸铁工业行业协会（1940），《行会成员名簿》昭和十五年4月止，3。
4. "铸造部的50万"《东京朝日新闻》1939年12月17日。
5. 泽井实（2012），《近代大阪的工业教育》（大阪大学出版会），83—85。
6. 上野他七郎编（1922），《优良町村便览》（中央报德会），302。
7. 香坂昌孝（1917），《模范农村与大人物》（求光阁书店），52。
8. 机械写真排版《追思久保田权四郎老先生的遗志》，（久保田权四郎老先生像章设计委员会），22。

9 同上,30—31。
10 久保田股份有限人事部编(1989),《创业期的久保田与权四郎老先生》(同部出版),53。

"企业家久保田权四郎"简略年表

公历	和历	年龄	相关事件	社会状况
1870	明治三年		10月3日出生在备后国御调郡因岛大滨村（现广岛县尾道市因岛大滨町），大出家的第三个儿子。 家境贫寒，少年时代辍学。	德法战争爆发
1885	明治十八年	14	这年春天，孤身前往大阪成为铸铁店的一名学徒工。	12.22第一次伊藤内阁成立
1888	明治二十一年	17	7月，父亲岩太郎去世。	4.25公布了市町村制度
1890	明治二十三年	19	2月，大阪市南区御藏迹町（现中央区）大出铸造开业。	11.25召集帝国议会
1891	明治二十四年	20	迁居大阪市南区高津町（现中央区），与同乡姗结婚。	5.11大津事件
1893	明治二十六年	22	这年夏天工厂失火，移居到大阪市南区西关町。	4.14出版法《版权法》公布
1894	明治二十七年	23	这一年，改称大出铸造厂。	8.1甲午战争开始

续表

公历	和历	年龄	相关事件	社会状况
1895	明治二十八年	24	七月,母亲清去世。	4.17签署下关条约
1897	明治三十年	26	这一年,改称久保田铁工所,开发出"分模斜浇铸造技术"。	10.1实施金本位制度
1898	明治三十一年	27	这一年,海军方面订购了大量异型管,为今后跃进铸铁管行业发挥了积极作用。	6.30日本最初的政党内阁成立
1900	明治三十三年	29	这一年用整模立浇铸造技术开发出"无缝铁管"。	3.10颁布治安警察法
1904	明治三十七年	33	1月,妻子姗去世。	2.10日俄战争爆发
1905	明治三十八年	34	这一年,与贵美子再婚。	9.5签署《波士顿公约》
1906	明治三十九年	35	这一年,久保田铁工所开始采用管理人员和技师长制度,并制定员工守则。	3.31颁布国有铁道法
1907	明治四十年	36	4月在大阪市南区北高岸町新设总店工厂。	6.4别子铜山暴动
1908	明治四十一年	37	7月获得回旋式铸铁管铸造设备专利。	6.22红旗事件
1911	明治四十四年	40	7月创办私立德行风寻常小学(大阪市南区)。	10.10中国辛亥革命
1912	明治四十五年	41	已确立国内铸铁管生产企业的龙头地位。	7.30明治天皇驾崩,改元大正
1914	大正三年	43	这一年开始进军机床产业。	7.28第一次世界大战爆发

续表

公历	和历	年龄	相关事件	社会状况
1916	大正五年	45	4月购入大阪市西区南恩加岛町（现大正区）38200平方米土地。	9.1实施工厂法
1917	大正六年	46	8月购买关西铸铁（股份），开设尼崎工厂。	俄国革命爆发
1918	大正七年	47	9月权四郎就任社长，关西制铁（股份）成立（1920年倒闭）。同年，在东京和九州设置了出差办事处（次年，吴地也开设了）。	11.11第一次世界大战结束
1919	大正八年	48	9月权四郎出差美国、加拿大，购买了新型铸造专利技术。12月创立实用机动车制造（股份）（权四郎就任社长），开始进行机动车的生产。	1.18巴黎和谈
1920	大正九年	49	从这年开始受到战后经济不景气的冲击，不得已解雇员工。	3.15战后危机
1921	大正十年	50	这一年成立了专利铸铁管合名公司（1923年成功铸造出日本历史上第一根离心力铸造铁管）。	11.4原敬被暗杀
1922	大正十一年	51	这一年开始制造农用石油发动机。	2.6签署《华盛顿海军缩减条约》
1923	大正十二年	52	捐款修建的家乡道路在这一年完工。	9.1关东大地震
1924	大正十三年	53	8月开始制造衡器。次年久保田铁工所开始下设衡器部门。	这年美国颁布排日移民法
1926	昭和元年	55	12月成立达特桑机动车制造（股份）权四郎就任社长。	12.25大正天皇驾崩，改元昭和
1927	昭和二年	56	2月收购隅田川精铁厂（股份），任命小田原大造负责重建工作。从这一年开始制造自动给炭机。	3.15金融危机
1929	昭和四年	58	这一年获得了荷兰属东印度800吨铁管订单，开始策划开拓海外市场。	10.24纽约股市大跌

261

公历	和历	年龄	相关事件	社会状况
1930	昭和五年	59	10月举办创业40周年暨庆祝权四郎60寿诞纪念典礼。12月久保田铁工所（股份）改组成久保田铁工所和久保田铁工所机械部（均由权四郎担任社长）。	这一年，世界危机波及日本（昭和危机）
1931	昭和六年	60	9月让渡特桑机动车制造（股份）全部股份给户畑铸造（股份），完全撤出了机动车生产领域。	9.18九一八事变
1932	昭和七年	61	4月参加大阪工业行会满蒙考察团，回国后以"满洲管业所见"为题投稿《工业评论》。	5.15五一五事件
1935	昭和十年	64	5月苏联通商代表团一行赴工厂考察，获得柴油机订单。	2.18美浓部达吉的天皇机关说问题化
1937	昭和十二年	66	8月建立尼崎铸铁工厂（股份）（权四郎就任社长，1943年辞去职位）。	7.7卢沟桥事变（中日战争开始）
1939	昭和十四年	68	11月开始成立久保田铁工所产业报国会。	9.1第二次世界大战爆发
1944	昭和十九年	73	1月第一次成为军需产品指定公司。	7.7塞班岛日本守备军全军覆没
1949	昭和二十四年	78	2月权四郎辞去久保田铁工所（股份）社长职务，久保田静一就任成为第二任社长（同年12月辞职）。5月解除国家特别指定财务公司，再次获得经营权。	4.23规定1美元=360日元的兑换汇率
1950	昭和二十五年	79	1月小田原大造就任久保田铁工所（股份）的第三任社长。	6.25抗美援朝战争爆发
1953	昭和二十八年	82	6月久保田铁工所（股份）更名为久保田铸铁（股份）。	2.1NHK电视频道开播
1959	昭和三十四年	88	11月11日迎来89岁生日，次月辞世。	这一年开始进入岩户经济景气时期

写在PHP经营丛书"日本的企业家"系列发行之际

本套丛书介绍了像日本明治时期的涩泽荣一那样优秀的几位企业家。他们将日本商业在中世纪和近代的奋斗精神发扬光大，引领了近代的发展。日本在昭和时期饱受战争之苦，此后能快速复兴正是因为这些企业家的不懈努力。他们团结和领导人们，为实现社会富裕作出了杰出的贡献。1946年（昭和二十一年）11月创立本公司的松下幸之助就是其中的一人。他一方面励精图治致力于经营事业，另一方面又以"人乃万物之灵"为理念，通过本公司的各种活动向世人展示了繁荣、和平、幸福的美好愿景。

我们秉持着尊敬这些创时代的企业家的态度，汲取他们的人生智慧。在了解这些优秀企业家之后，通过他们的人生经历和经营历史一定会获得现实性的启示。秉承这种信念，为纪念公司创立70周年，决定发行PHP经营系列丛书。在策划本套丛书时，首先选取了活跃在日本近现代，重视经营理念的企业家们，一人做成一卷。松下幸之助以展现言微旨远的寓意为初衷，将宣传图标设计为两匹头部相对、在天空翱翔的飞马，给人以尊重个体、旨在和谐的印象。"以史为鉴可知战略，洞察人心"——基于史实和研究成果所撰写的本套丛书如蒙钟爱，我们将不胜欣喜。

株式会社PHP研究所

2016年11月

KUBOTA GONSHIRO
Copyright © Minoru SAWAI
First publishied in Japan in 2017 by PHP Institute,Inc.
Simplified Chinese translation rights arranged with PHP Institute,Inc.through Beijing Hanhe Culture Communication Co.,Ltd
Simplified Chinese edition copyright © 2019 New Star Press Co., Ltd.
All rights reserved.
著作版权合同登记号：01-2018-1539

图书在版编目（CIP）数据

久保田权四郎／（日）泽井实著；任海丹译．
—— 北京：新星出版社，2019.6
ISBN 978-7-5133-3314-6
Ⅰ．①久… Ⅱ．①泽… ②任… Ⅲ．①农业机械－制造工业－工业企业管理－经验－日本 Ⅳ．① F431.364
中国版本图书馆 CIP 数据核字（2018）第 260734 号

久保田权四郎

[日] 泽井 实 著；任海丹 译

策划编辑：杨英瑜
责任编辑：杨英瑜
责任校对：刘　义
责任印制：李珊珊
装帧设计：斑　马

出版发行：新星出版社
出 版 人：马汝军
社　　址：北京市西城区车公庄大街丙3号楼　　100044
网　　址：www.newstarpress.com
电　　话：010-88310888
传　　真：010-65270499
法律顾问：北京市岳成律师事务所

读者服务：010-88310811　　service@newstarpress.com
邮购地址：北京市西城区车公庄大街丙3号楼　　100044

印　　刷：北京美图印务有限公司
开　　本：787mm×1092mm　　1/32
印　　张：8.625
字　　数：150千字
版　　次：2019年6月第一版　　2019年6月第一次印刷
书　　号：ISBN 978-7-5133-3314-6
定　　价：62.00元

版权专有，侵权必究；　如有质量问题，请与印刷厂联系调换。